Einstern

Mathematik für Grundschulkinder

1

Themenheft 2

⭐ Rechnen bis 10
⭐ Linien und Muster zeichnen

Erarbeitet von Roland Bauer und Jutta Maurach

In Zusammenarbeit mit der
Cornelsen Redaktion Grundschule

Cornelsen

Inhaltsverzeichnis

Linien und Muster zeichnen

⭐ Pflichtseiten

❄ Wahlseiten

 besprechen in der Gruppe
Weitere Hinweise für die Lehrkraft befinden sich
auf der hinteren (inneren) Umschlagseite.

 Handlungshinweis

Aufgaben mit unterschiedlichen Anforderungsniveaus:

1 ausrechnen, ausführen, wiedergeben

1 erkennen, fortsetzen, anwenden

1 Lösungswege selbst entwickeln, darstellen, begründen und übertragen

 das Arbeitsgedächtnis trainieren
Weitere Hinweise für die Lehrkraft befinden sich
auf der hinteren (inneren) Umschlagseite.

 Möglichkeit für einen Lernstandsnachweis

☐ Feld zum Markieren erledigter Aufgaben

→ Ü Seite ... Hinweis auf die passende Seite in den Übungssternchen

… und ich helfe dir:

schreiben   malen   erkennen   zeichnen

Es kommt immer etwas dazu

1

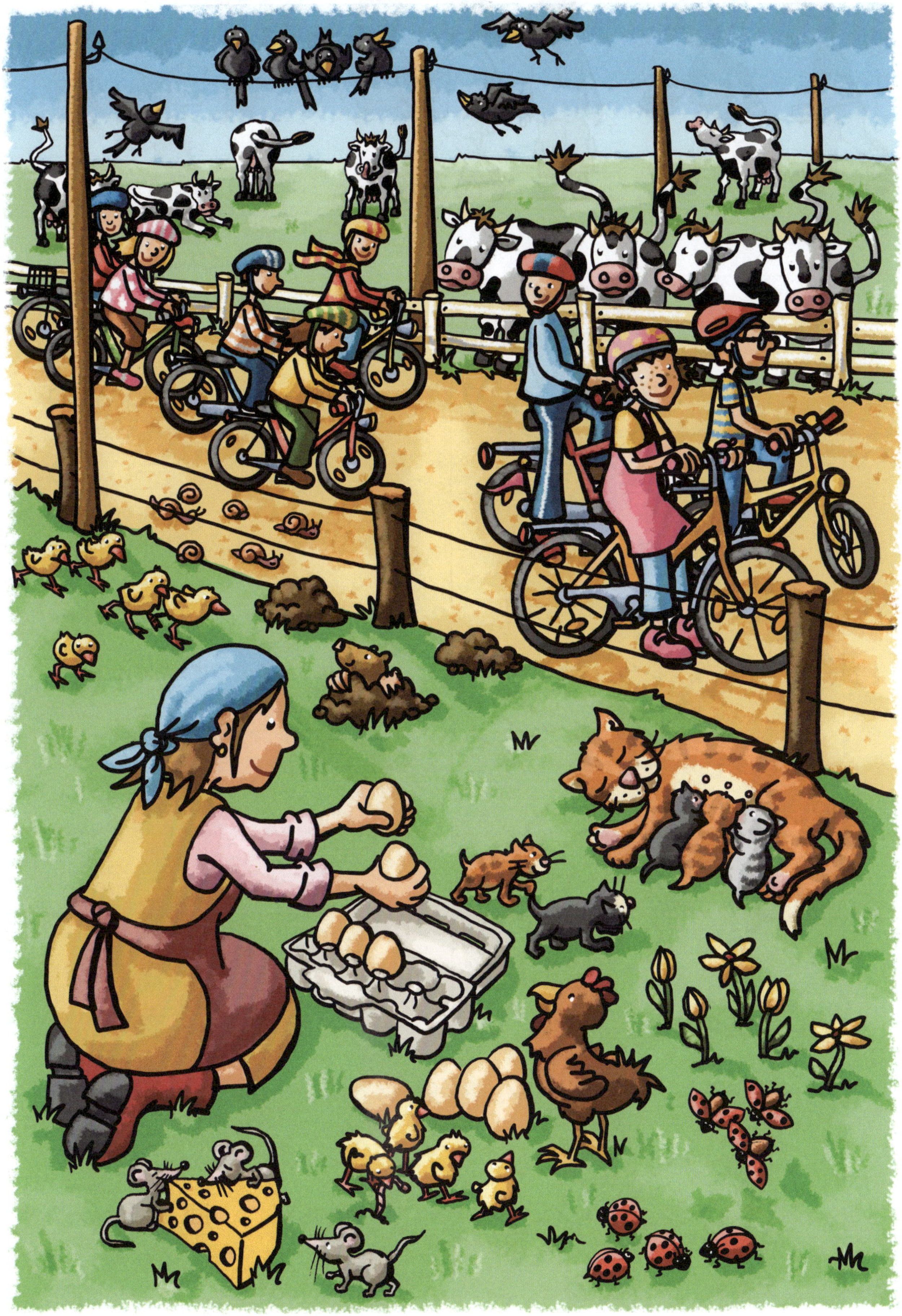

Plusaufgaben kennenlernen

> 3 plus 2 ist gleich 5.

1

_4_ plus _2_ ist gleich _6_

| 4 | + | 2 | = | 6 |

_2_ plus _1_ ist gleich ___

_2_ plus _3_ ist gleich ___

___ plus ___ ist gleich ___

6

1

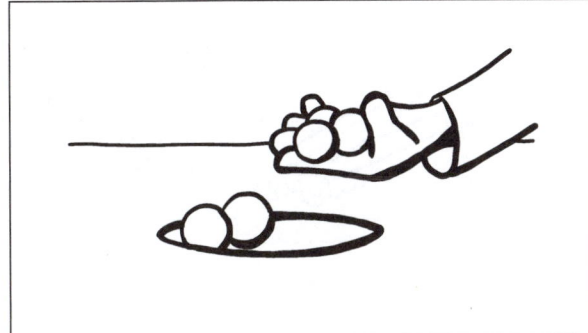

2

★ übertragen in Bildern dargestellte Sachsituationen in Punktebilder
★ wechseln zwischen verschiedenen Darstellungsformen von Operationen

1

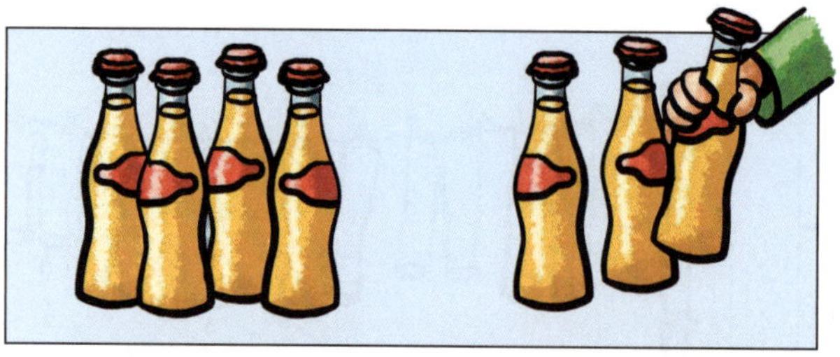

$4 + 3 = 7$

$\square + \square = \square$

$\square + \square = \square$

$\square + \square = \square$

$\square + \square = \square$

$\square + \square = \square$

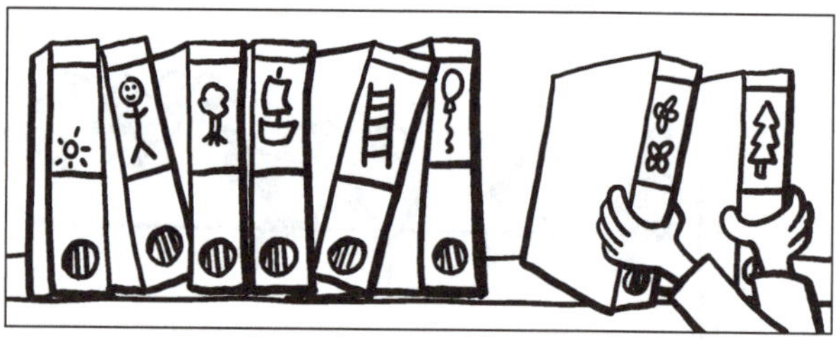

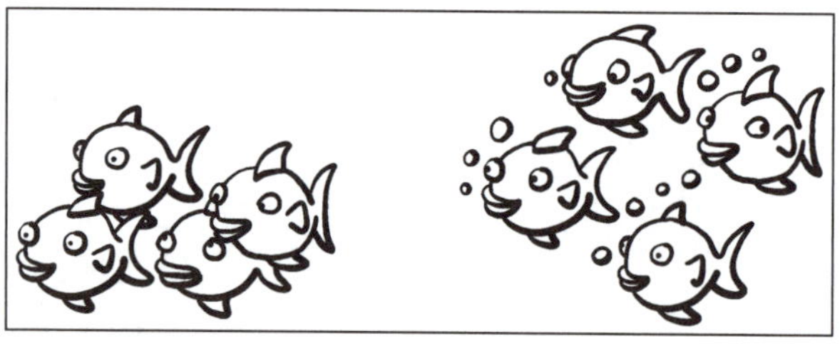

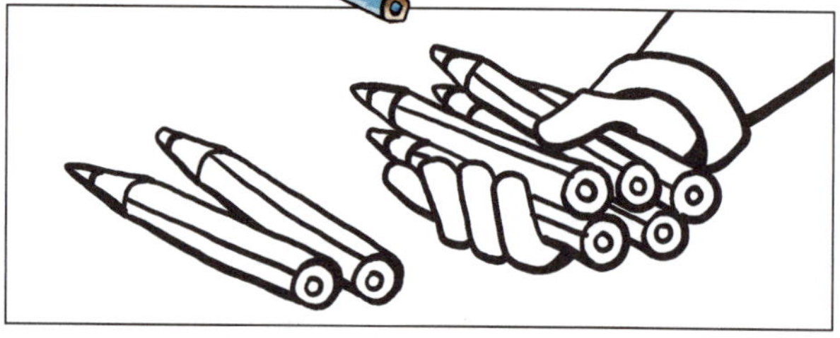

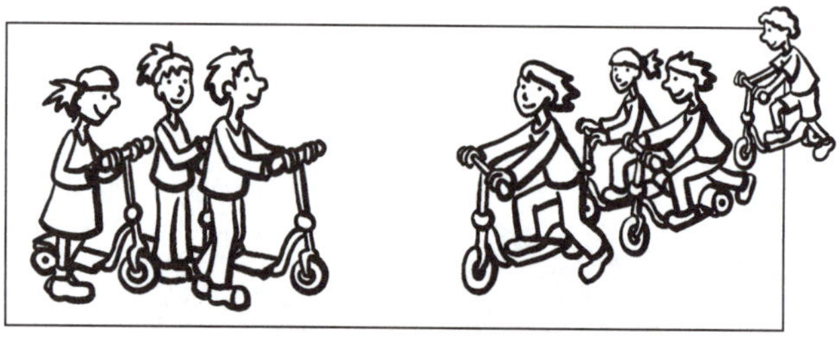

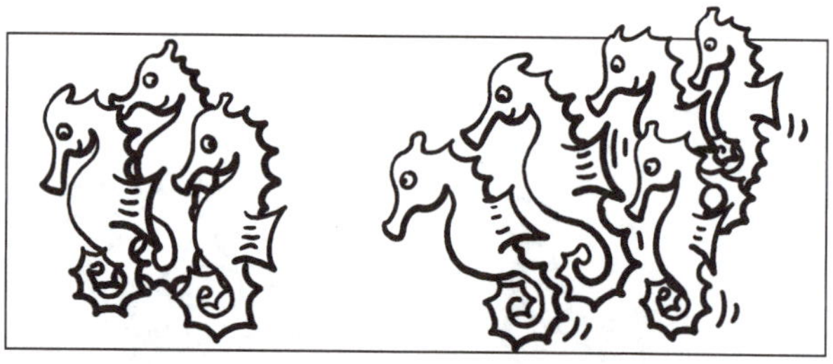

2

$3 + 2 = 5$

$2 + 2 = 4$

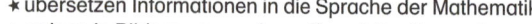

★ übersetzen Informationen in die Sprache der Mathematik
★ ordnen in Bildern vorgegebene Grundsituationen der passenden Rechenoperation zu
★ wechseln zwischen verschiedenen Darstellungsformen von Operationen

→ Ü Seite 10

1

2

$$4 + 3 = 7$$

$$1 + \square = \square$$

$$\square + \square = \square$$

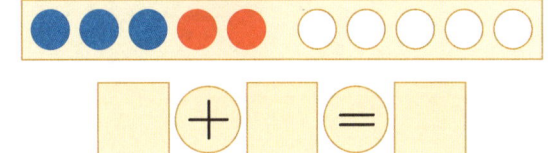

$$\square + \square = \square$$

$$\square + \square = \square$$

$$\square + \square = \square$$

$$\square + \square = \square$$

$$\square + \square = \square$$

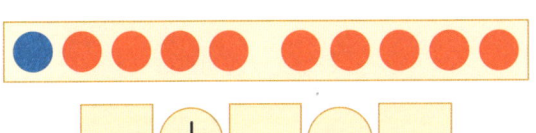

$$\square + \square = \square$$

$$\square + \square = \square$$

3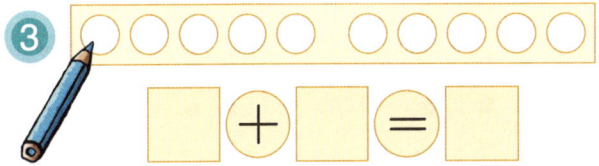

$$\square + \square = \square$$

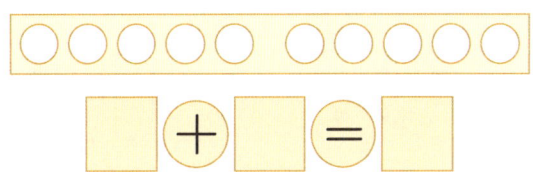

$$\square + \square = \square$$

→ Ü Seite 11

★ wechseln zwischen verschiedenen Darstellungsformen (Handlungs-, bildliche und symbolische Ebene)
★ finden zu gegebenen mathematischen Modellen (Punktebilder) passende Aufgabenstellungen

1

2 + 3 = 5

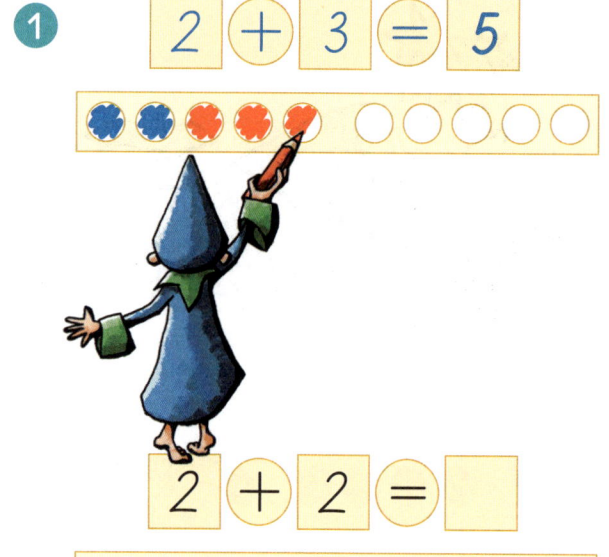

2 + 2 =

7 + 2 =

3 + 4 =

5 + 1 =

1 + 2 =

3 + 3 =

4 + 1 =

9 + 1 =

0 + 3 =

4 + 6 =

2

  ☐ + ☐ = ☐

☐ + ☐ = ☐

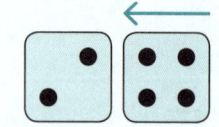 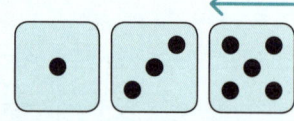 

★ wechseln zwischen verschiedenen Darstellungsformen (bildliche und symbolische Ebene)
★ finden zu gegebenen mathematischen Modellen passende Aufgabenstellungen

1 3 + 2 = ☐   3 + 6 = ☐   4 + 4 = ☐

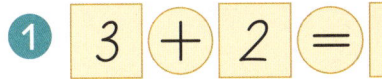

4 + 6 = ☐   4 + 2 = ☐   5 + 4 = ☐

2 + 7 = ☐   1 + 6 = ☐   7 + 1 = ☐

2 2 + 6 = ☐   6 + 3 = ☐   3 + 5 = ☐

4 + 5 = ☐   4 + 0 = ☐   6 + 4 = ☐

8 + 2 = ☐   9 + 1 = ☐   2 + 2 = ☐

3 3 + 3 = ☐   2 + 6 = ☐   8 + 1 = ☐

5 + 2 = ☐   0 + 10 = ☐   4 + 6 = ☐

4 + 3 = ☐   7 + 2 = ☐   3 + 4 = ☐

4 9 + 0 = ☐   1 + 4 = ☐   5 + 5 = ☐

7 + 3 = ☐   5 + 3 = ☐   2 + 8 = ☐

2 + 3 = ☐   3 + 7 = ☐   6 + 1 = ☐

1

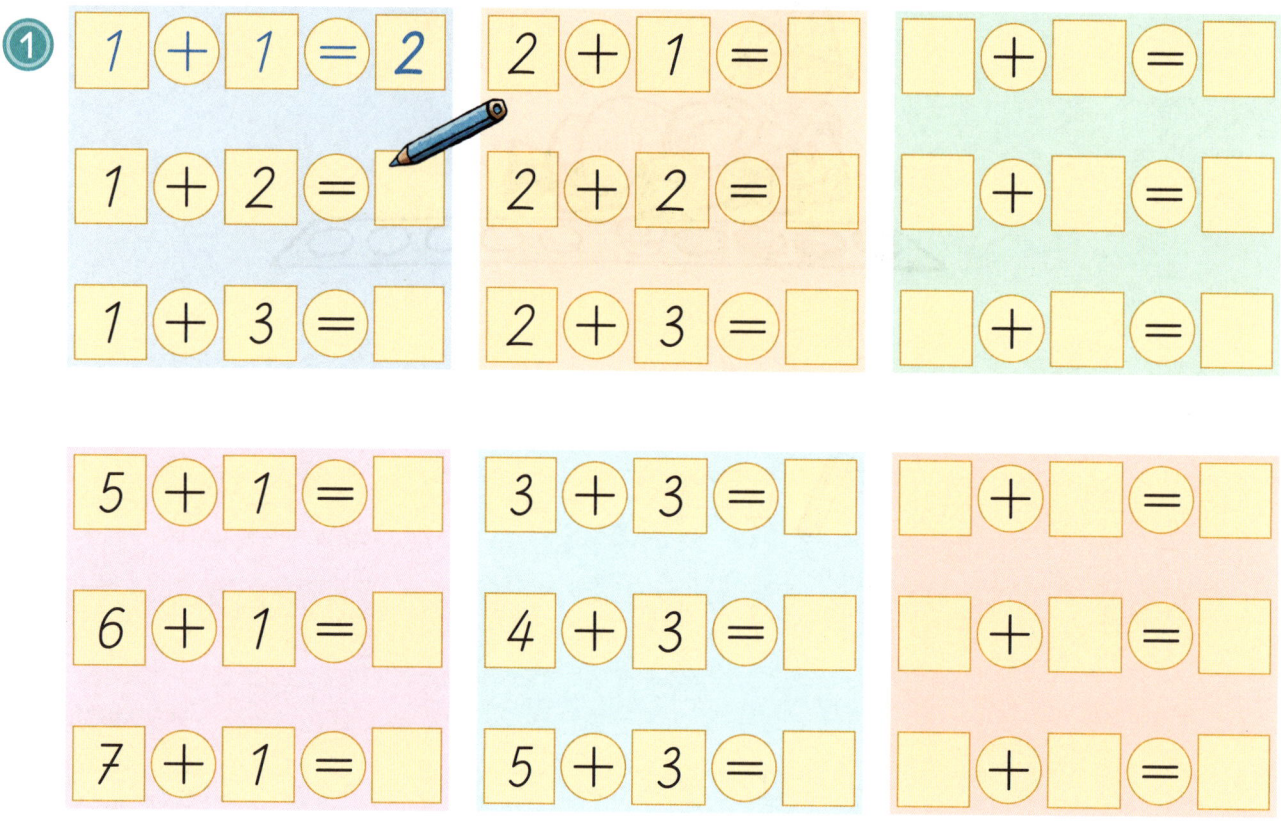

1 + 1 = 2	2 + 1 = ☐	☐ + ☐ = ☐
1 + 2 = ☐	2 + 2 = ☐	☐ + ☐ = ☐
1 + 3 = ☐	2 + 3 = ☐	☐ + ☐ = ☐

5 + 1 = ☐	3 + 3 = ☐	☐ + ☐ = ☐
6 + 1 = ☐	4 + 3 = ☐	☐ + ☐ = ☐
7 + 1 = ☐	5 + 3 = ☐	☐ + ☐ = ☐

2

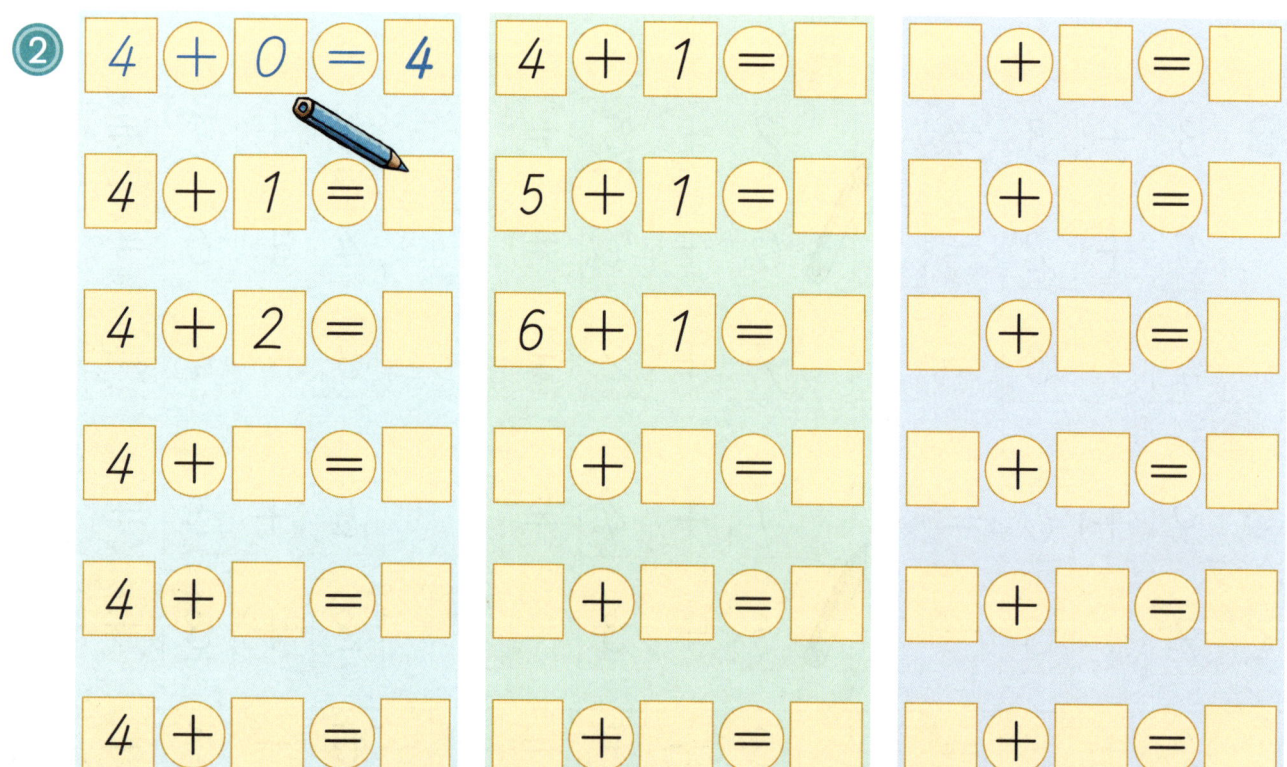

4 + 0 = 4	4 + 1 = ☐	☐ + ☐ = ☐
4 + 1 = ☐	5 + 1 = ☐	☐ + ☐ = ☐
4 + 2 = ☐	6 + 1 = ☐	☐ + ☐ = ☐
4 + ☐ = ☐	☐ + ☐ = ☐	☐ + ☐ = ☐
4 + ☐ = ☐	☐ + ☐ = ☐	☐ + ☐ = ☐
4 + ☐ = ☐	☐ + ☐ = ☐	☐ + ☐ = ☐

* stellen Vermutungen über mathematische Zusammenhänge an
* nutzen Aufgaben mit Nachbarzahlen zum vorteilhaften Rechnen
* erkennen und beschreiben arithmetische Muster und setzen diese folgerichtig fort

1

2

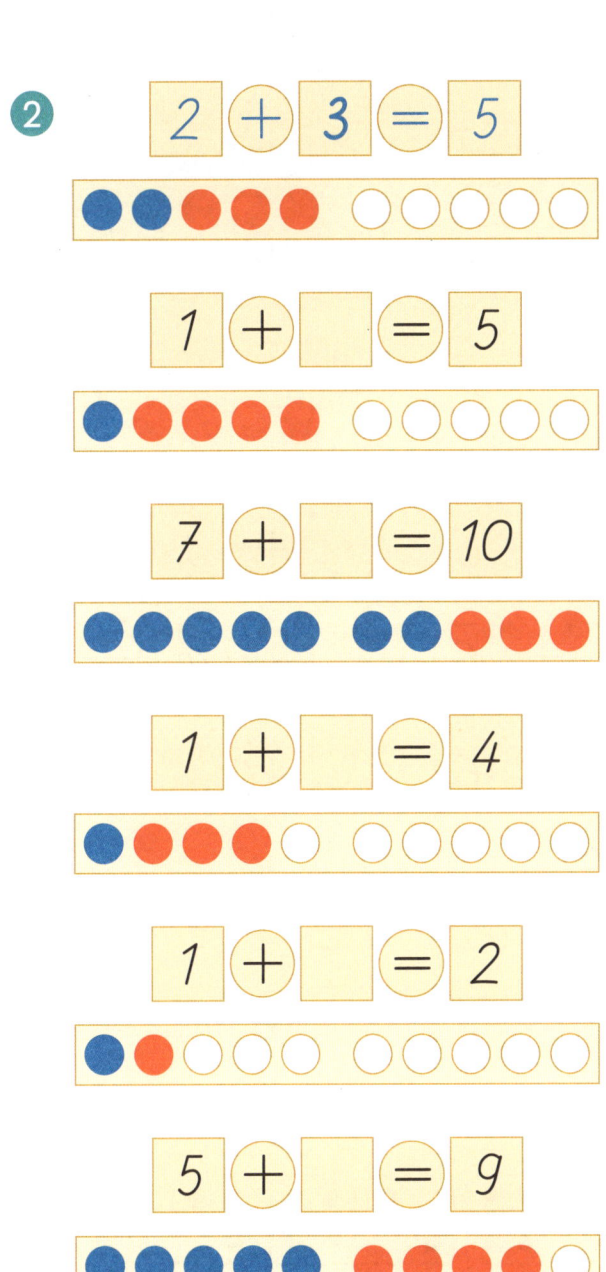

$2 + 3 = 5$

$1 + \square = 5$

$7 + \square = 10$

$1 + \square = 4$

$1 + \square = 2$

$5 + \square = 9$

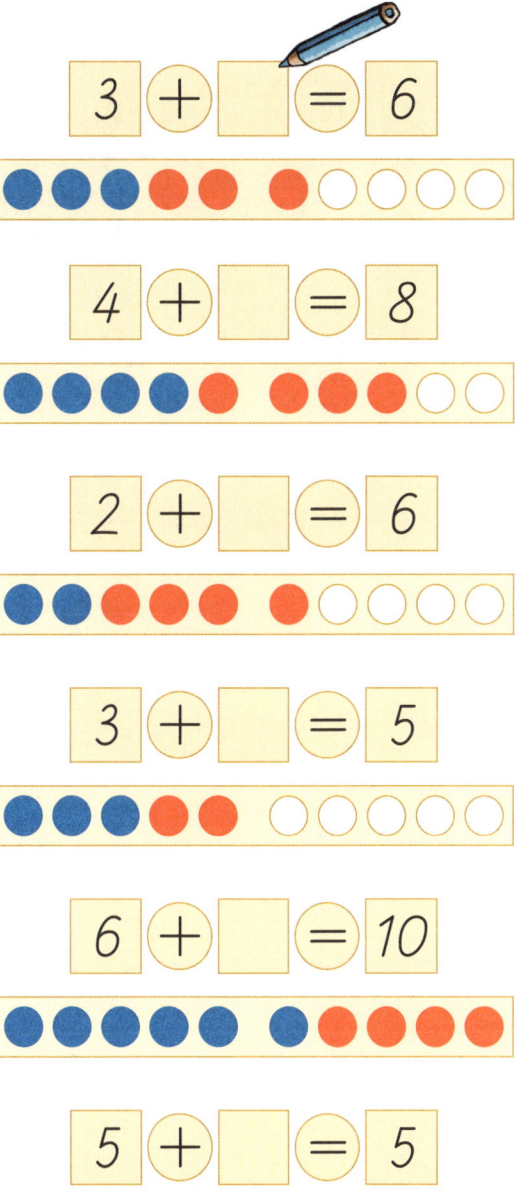

$3 + \square = 6$

$4 + \square = 8$

$2 + \square = 6$

$3 + \square = 5$

$6 + \square = 10$

$5 + \square = 5$

★ wechseln zwischen verschiedenen Darstellungsformen (Handlungs-, bildliche und symbolische Ebene)
★ bearbeiten Aufgabenstellungen gemeinsam
★ nutzen und beschreiben Operationseigenschaften im Zusammenhang mit Platzhaltern

Ergänzungsaufgaben verstehen

1 ┌─ 3 + 2 ┐= (5)

🔴🔴🔴 🔵🔵

3 + ☐ = 5	2 + ☐ = 6	7 + ☐ = 9
4 + ☐ = 5	3 + ☐ = 6	6 + ☐ = 9
5 + ☐ = 5	4 + ☐ = 6	5 + ☐ = 9
2 + ☐ = 8	1 + ☐ = 7	8 + ☐ = 10
4 + ☐ = 8	3 + ☐ = 7	4 + ☐ = 10
8 + ☐ = 8	5 + ☐ = 7	2 + ☐ = 10

2

☐ + 4 = 5	☐ + 3 = 6	☐ + 3 = 9
☐ + 3 = 5	☐ + 2 = 6	☐ + 4 = 9
☐ + 2 = 5	☐ + 1 = 6	☐ + 5 = 9
☐ + 5 = 8	☐ + 0 = 7	☐ + 3 = 10
☐ + 1 = 8	☐ + 3 = 7	☐ + 6 = 10

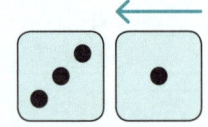

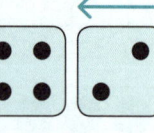

★ nutzen und beschreiben Operationseigenschaften der Addition beim Umgang mit Platzhaltern an unterschiedlichen Stellen

→ Ü Seite 12

1

7 + 3 = 10

2

| 9 | + | | = | 10 | | | + | | = | 10 | | | + | | = | 10 |

| | + | | = | 10 | | | + | | = | 10 | | | + | | = | 10 |

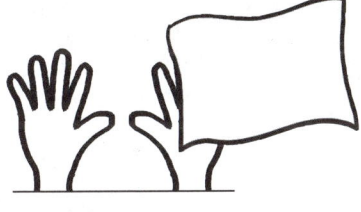  

| | + | | = | 10 | | | + | | = | 10 | | | + | | = | 10 |

3

| | + | | = | 10 | | | + | | = | 10 | | | + | | = | 10 |

★ wenden ihre vorhandenen mathematischen Kenntnisse, Fähigkeiten und Fertigkeiten
bei der Bearbeitung herausfordernder oder unbekannter Aufgaben an

15

1

⋆erkennen und beschreiben Grundsituationen der Subtraktion

1

_5_ minus _2_ ist gleich _3_

| 5 | − | 2 | = | 3 |

_6_ minus _3_ ist gleich ____

| 6 | − | | = | |

_3_ minus _1_ ist gleich ____

| | − | | = | |

_4_ minus _2_ ist gleich ____

| | − | | = | |

★ ordnen dem Vorgang des Wegnehmens Minusaufgaben zu
★ wechseln zwischen verschiedenen Darstellungsformen von Operationen
★ verwenden mathematische Fachbegriffe und Zeichen richtig

 **1**

4 – 2 = 2

 2

5 – 2 =

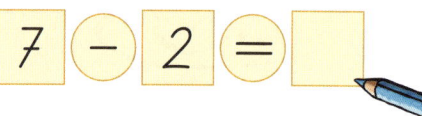
7 – 2 =

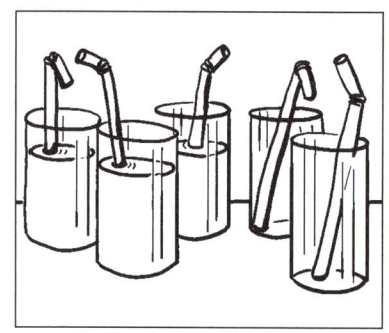

5 – 2 =

6 – 2 =

8 – 5 =

3

3 – =

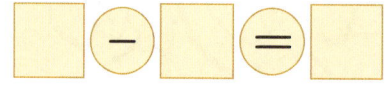
– =

– =

★ leiten von einer komplexeren Darstellung die Ausgangs- und Endsituation und den Vorgang des Wegnehmens ab und stellen den Zusammenhang zu Minusaufgaben her

→ Ü Seite 13

Bildsituationen in Punktebilder übertragen

1

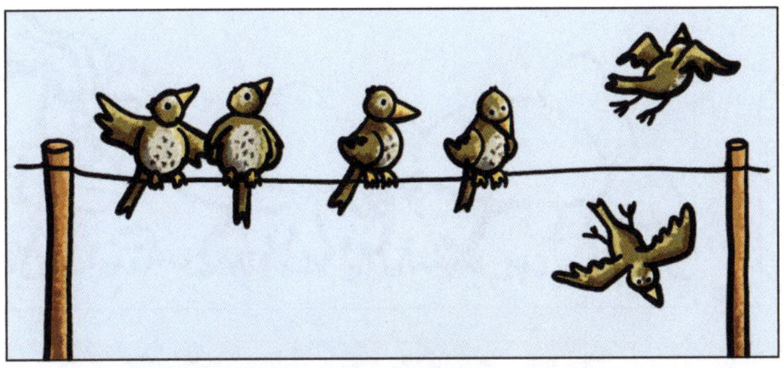

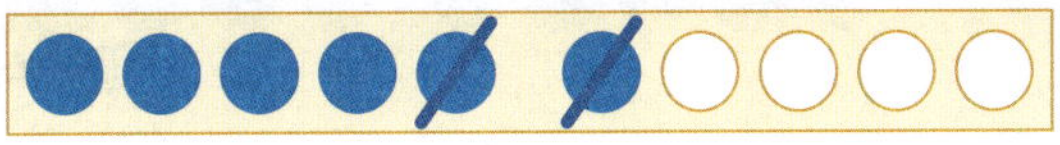

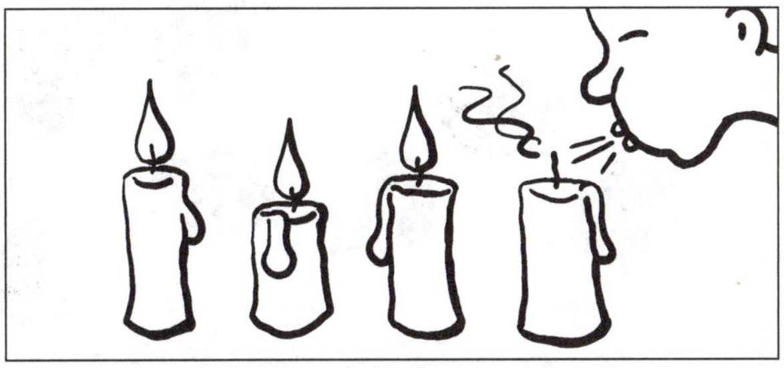

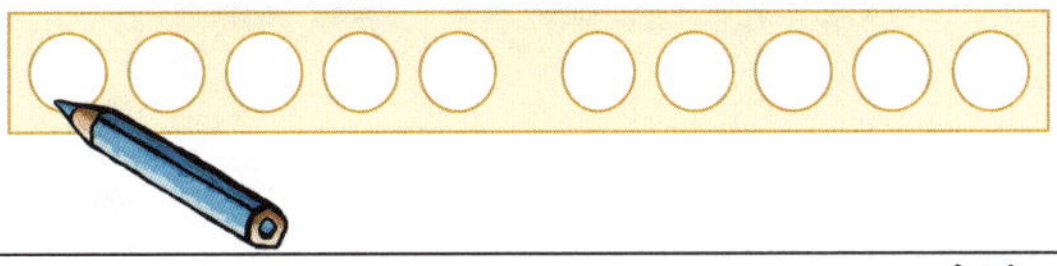

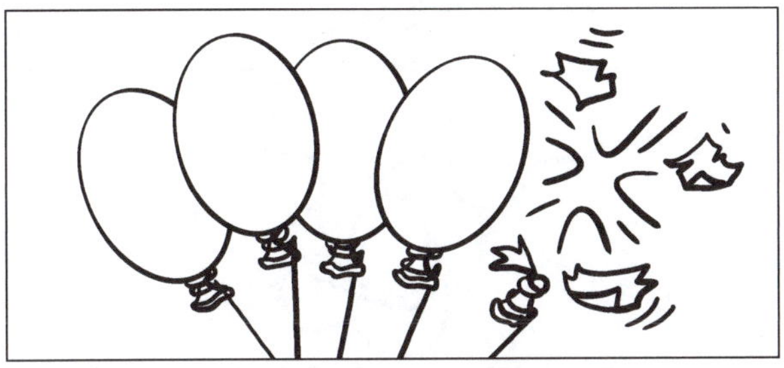

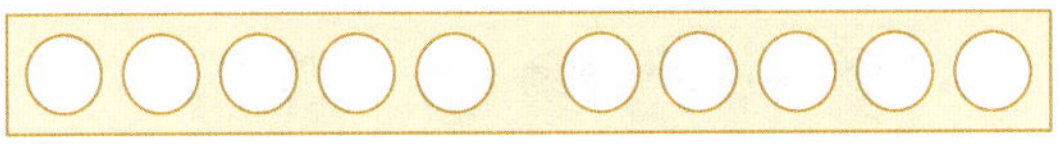

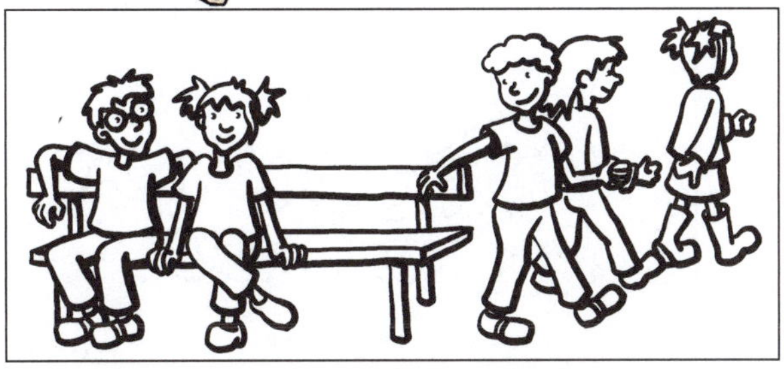

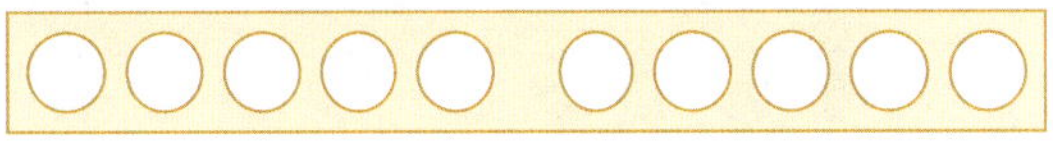

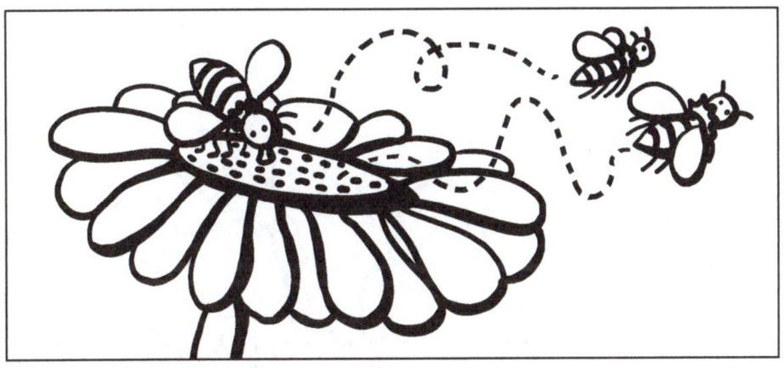

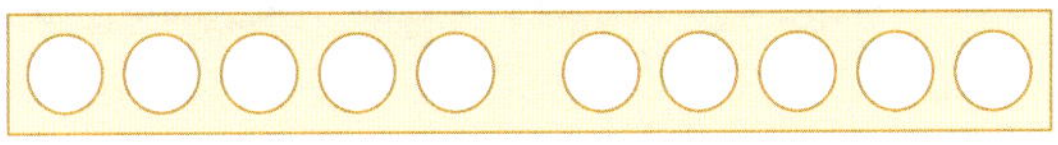

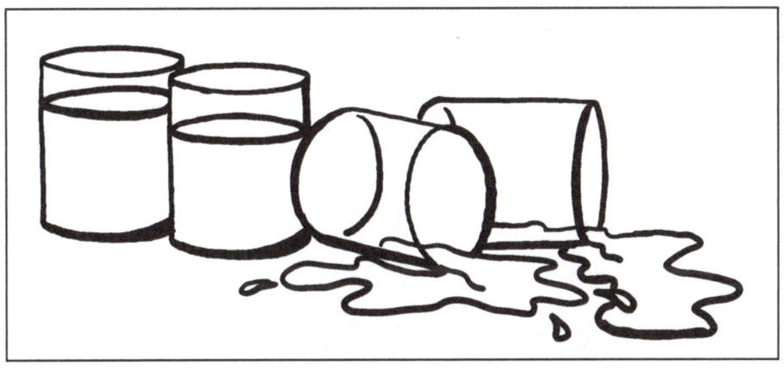

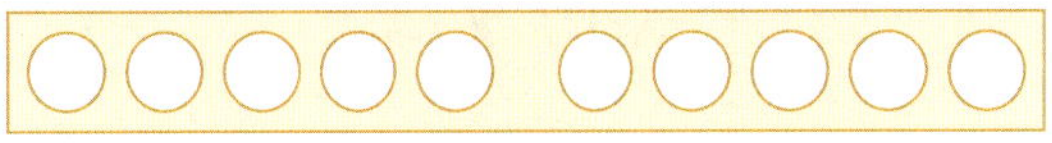

2

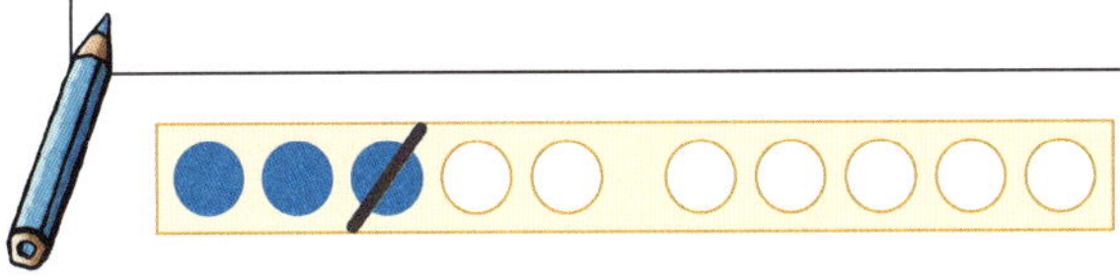

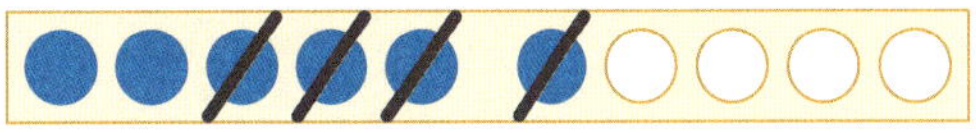

← 2 7

← 3 8 5

← 9 6 3 7

* wechseln zwischen verschiedenen Darstellungsformen von Operationen und übertragen dabei Handlungsbilder in Punktebilder
* übertragen vorgegebene Punktebilder in passende Handlungsbilder

1

$$7 - 3 = 4$$

$$\square - \square = \square$$

$$\square - \square = \square$$

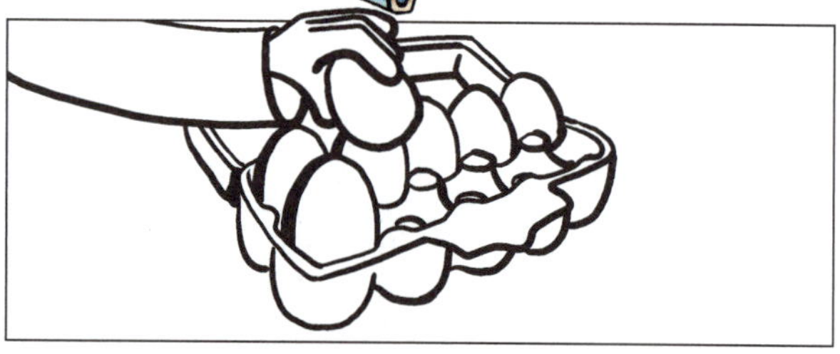

$$\square - \square = \square$$

$$\square - \square = \square$$

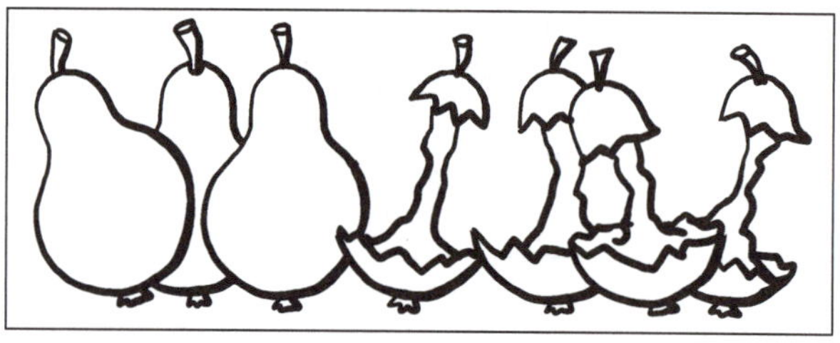

$$\square - \square = \square$$

2

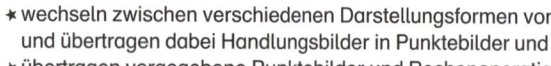

$$5 - 2 = \square$$

$$3 - 1 = \square$$

★ wechseln zwischen verschiedenen Darstellungsformen von Operationen
und übertragen dabei Handlungsbilder in Punktebilder und Minusaufgaben
★ übertragen vorgegebene Punktebilder und Rechenoperationen in passende Handlungsbilder

1

2

$$4 - 3 = 1$$

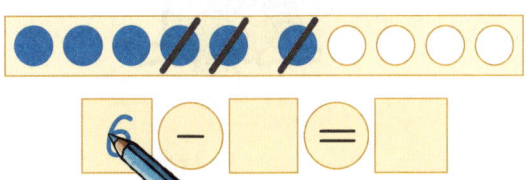

$$6 - \square = \square$$

$$\square - \square = \square$$

$$\square - \square = \square$$

$$\square - \square = \square$$

$$\square - \square = \square$$

$$\square - \square = \square$$

$$\square - \square = \square$$

$$\square - \square = \square$$

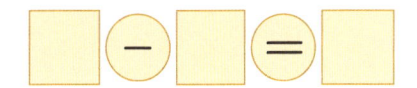

$$\square - \square = \square$$

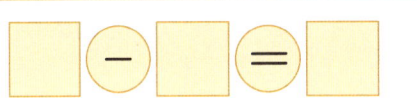

$$\square - \square = \square$$

$$\square - \square = \square$$

3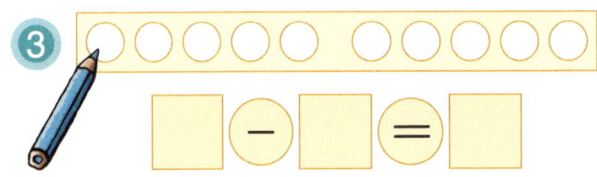

$$\square - \square = \square$$

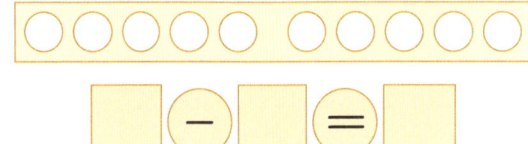

$$\square - \square = \square$$

→ Ü Seite 14

★ wechseln zwischen verschiedenen Darstellungsformen (Handlungs-, bildliche und symbolische Ebene)
★ finden zu gegebenen Punktebildern passende Aufgabenstellungen

1 6 – 4 = 2

5 – 2 = ☐

5 – 4 = ☐

4 – 3 = ☐

9 – 3 = ☐

4 – 0 = ☐

8 – 3 = ☐

10 – 7 = ☐

6 – 2 = ☐

6 – 5 = ☐

3 – 3 = ☐

2 ☐ – ☐ = ☐

☐ – ☐ = ☐

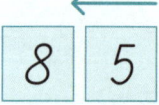 8 5   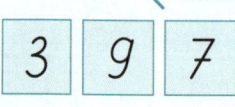 3 9 7   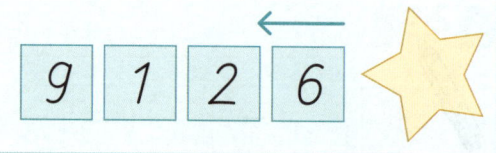 9 1 2 6

★ wechseln zwischen verschiedenen Darstellungsformen (bildliche und symbolische Ebene)
★ finden zu gegebenen mathematischen Modellen passende Aufgabenstellungen

1 5 − 1 = ☐   3 − 1 = ☐   5 − 2 = ☐

4 − 3 = ☐   9 − 2 = ☐   3 − 3 = ☐

9 − 4 = ☐   1 − 1 = ☐   6 − 2 = ☐

2 2 − 1 = ☐   6 − 4 = ☐   7 − 3 = ☐

8 − 3 = ☐   2 − 0 = ☐   9 − 4 = ☐

7 − 5 = ☐   10 − 5 = ☐   9 − 9 = ☐

3 4 − 1 = ☐   7 − 1 = ☐   10 − 1 = ☐

6 − 5 = ☐   8 − 4 = ☐   8 − 5 = ☐

5 − 3 = ☐   4 − 2 = ☐   5 − 4 = ☐

4 7 − 2 = ☐   8 − 2 = ☐   6 − 3 = ☐

8 − 6 = ☐   5 − 0 = ☐   7 − 4 = ☐

9 − 5 = ☐   9 − 6 = ☐   10 − 4 = ☐

Nachbaraufgaben beim Minusrechnen entdecken

①

$5 - 1 = 4$ $8 - 4 = \square$ $\square - \square = \square$

$5 - 2 = \square$ $8 - 5 = \square$ $\square - \square = \square$

$5 - 3 = \square$ $8 - 6 = \square$ $\square - \square = \square$

$5 - 1 = \square$ $8 - 3 = \square$ $\square - \square = \square$

$6 - 1 = \square$ $9 - 3 = \square$ $\square - \square = \square$

$7 - 1 = \square$ $10 - 3 = \square$ $\square - \square = \square$

②

$5 - 0 = 5$ $4 - 1 = \square$ $\square - \square = \square$

$5 - 1 = \square$ $5 - 1 = \square$ $\square - \square = \square$

$5 - 2 = \square$ $6 - 1 = \square$ $\square - \square = \square$

$5 - \square = \square$ $\square - \square = \square$ $\square - \square = \square$

$5 - \square = \square$ $\square - \square = \square$ $\square - \square = \square$

$5 - \square = \square$ $\square - \square = \square$ $\square - \square = \square$

24 ★ stellen Vermutungen über mathematische Zusammenhänge an
★ nutzen Aufgaben mit Nachbarzahlen zum vorteilhaften Rechnen
★ erkennen und beschreiben arithmetische Muster und setzen diese folgerichtig fort

1

2

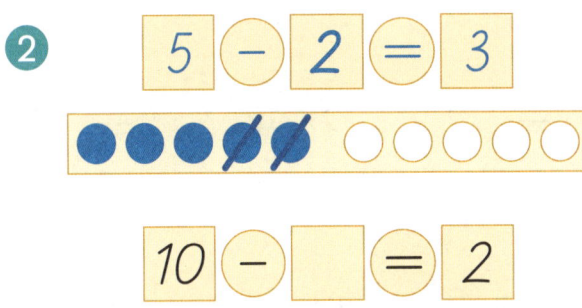

$$5 - 2 = 3$$

$$4 - \square = 2$$

$$10 - \square = 2$$

$$3 - \square = 1$$

$$10 - \square = 8$$

$$6 - \square = 4$$

$$3 - \square = 2$$

$$5 - \square = 1$$

$$7 - \square = 3$$

$$9 - \square = 3$$

$$2 - \square = 0$$

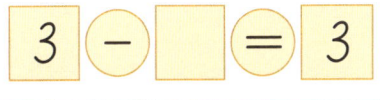

$$3 - \square = 3$$

★ wechseln zwischen verschiedenen Darstellungsformen (bildliche und symbolische Ebene)
★ bearbeiten Aufgabenstellungen gemeinsam
★ nutzen und beschreiben Operationseigenschaften im Zusammenhang mit Platzhaltern

1 5 − 1 = 4

5 − ☐ = 3

5 − ☐ = 2

6 − ☐ = 2   8 − ☐ = 4   9 − ☐ = 7

6 − ☐ = 1   8 − ☐ = 3   9 − ☐ = 6

6 − ☐ = 0   8 − ☐ = 2   9 − ☐ = 5

7 − ☐ = 5   4 − ☐ = 2   10 − ☐ = 6

7 − ☐ = 6   4 − ☐ = 3   10 − ☐ = 4

7 − ☐ = 7   4 − ☐ = 4   10 − ☐ = 2

2 ☐ − 1 = 4   ☐ − 6 = 2   ☐ − 4 = 1

☐ − 2 = 4   ☐ − 5 = 2   ☐ − 3 = 2

☐ − 3 = 4   ☐ − 4 = 2   ☐ − 2 = 3

☐ − 4 = 4   ☐ − 3 = 2   ☐ − 1 = 4

*nutzen Operationseigenschaften der Subtraktion beim Umgang mit Platzhaltern an unterschiedlichen Stellen

→ Ü Seite 15

  1

2

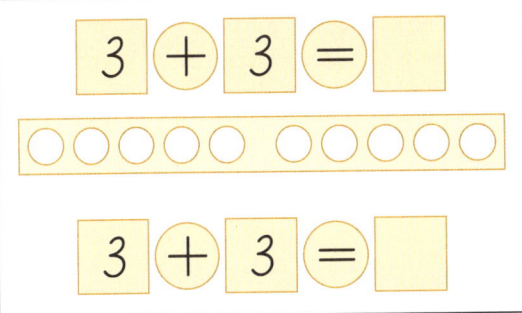

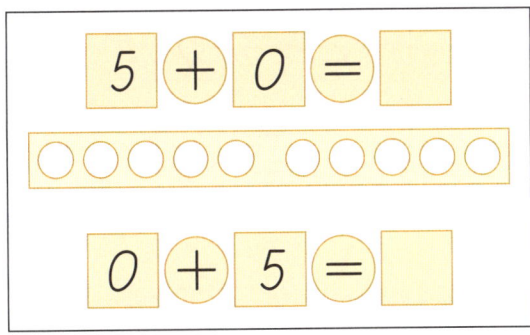

$3 + 2 = \square$

$2 + 3 = \square$

$1 + 7 = \square$

$7 + 1 = \square$

$3 + 3 = \square$

$3 + 3 = \square$

$5 + 0 = \square$

$0 + 5 = \square$

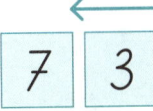

| 7 | 3 |

| 5 | 2 | 9 |

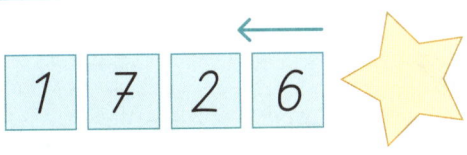

| 1 | 7 | 2 | 6 |

★ erklären Beziehungen und Gesetzmäßigkeiten an Beispielen und vollziehen Begründungen anderer nach
★ verwenden Fachbegriffe
★ wechseln zwischen verschiedenen Darstellungen

27

1   3 + 1 = 4   2 + 1 = ☐   0 + 7 = ☐

      1 + 3 = ☐   1 + 2 = ☐   7 + 0 = ☐

      3 + 3 = ☐   1 + 9 = ☐   2 + 3 = ☐

      ☐ + ☐ = ☐   ☐ + ☐ = ☐   ☐ + ☐ = ☐

2   6 + ☐ = 6   3 + ☐ = 7   4 + ☐ = 6

      ☐ + ☐ = ☐   ☐ + ☐ = ☐   ☐ + ☐ = ☐

      ☐ + 2 = 5   ☐ + 1 = 9   ☐ + 2 = 9

      ☐ + ☐ = ☐   ☐ + ☐ = ☐   ☐ + ☐ = ☐

3   ☐ + ☐ = ☐   ☐ + ☐ = ☐   ☐ + ☐ = ☐

      ☐ + ☐ = ☐   ☐ + ☐ = ☐   ☐ + ☐ = ☐

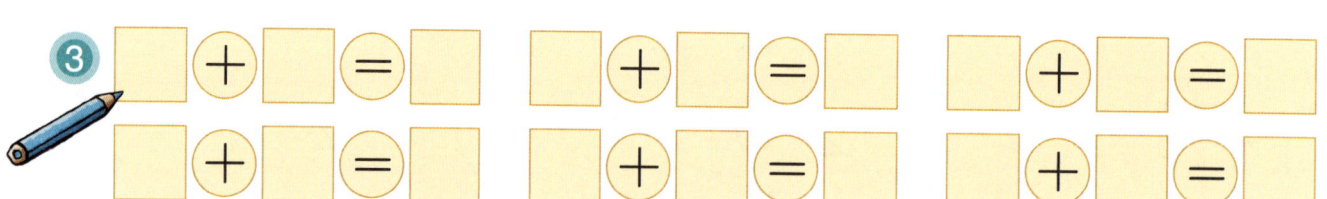

★ nutzen Rechengesetze und Zusammenhänge beim Lösen von Aufgaben
★ bilden zu vorgegebenen Aufgabenstellungen selbst weitere Aufgaben

→ Ü Seite 16

1

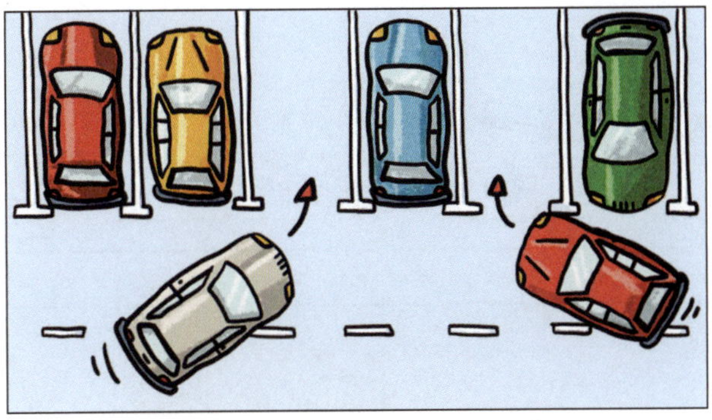

$$4 + 2 = 6$$

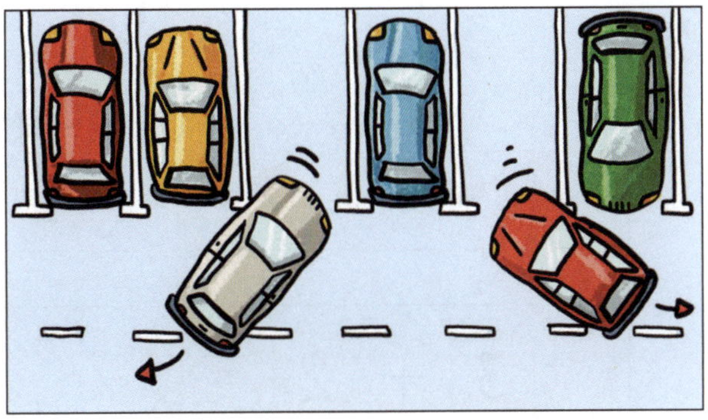

$$6 - 2 = 4$$

☐ − ☐ = ☐

☐ + ☐ = ☐

Das sind Umkehraufgaben.

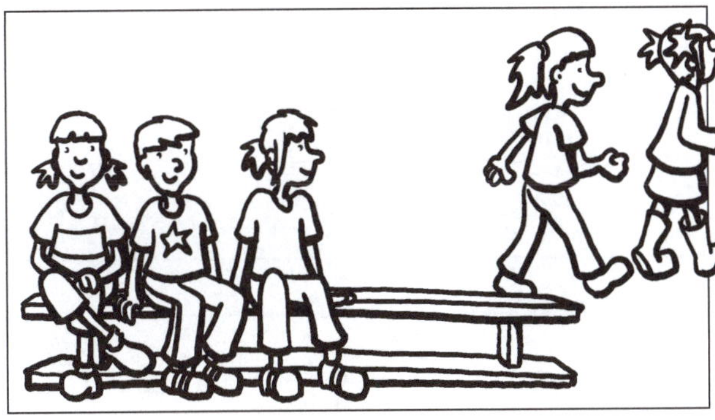

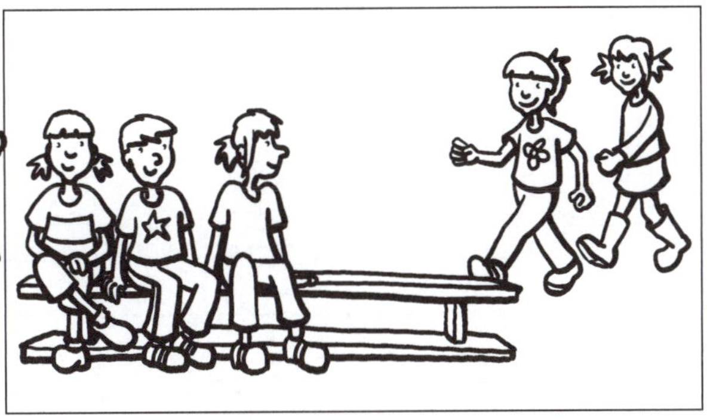

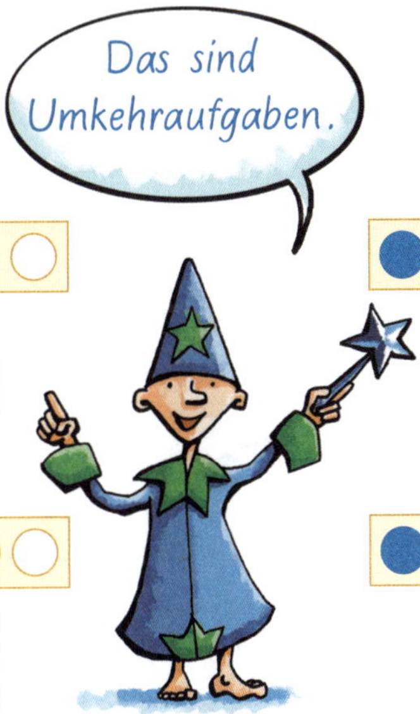

2

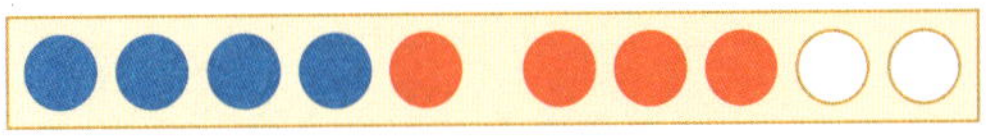

$4 + ☐ = ☐$

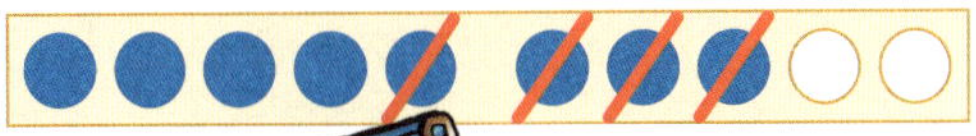

$8 - ☐ = ☐$

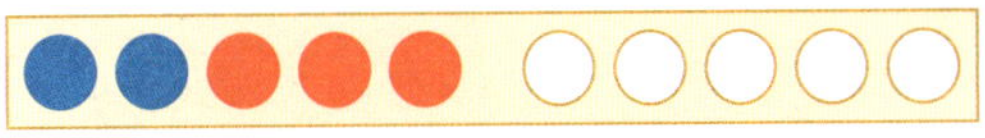

☐ + ☐ = ☐

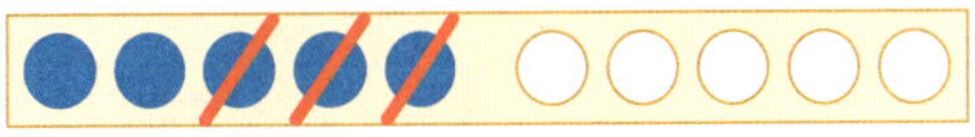

☐ − ☐ = ☐

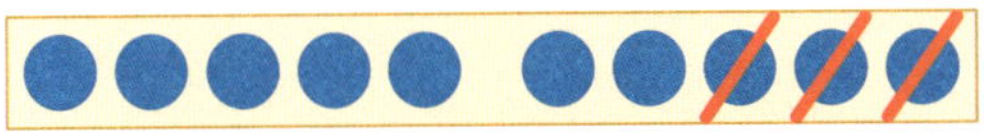

☐ − ☐ = ☐

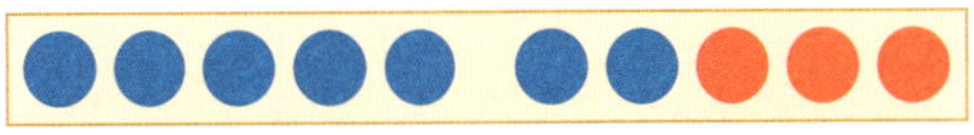

☐ + ☐ = ☐

★ wechseln zwischen verschiedenen Darstellungsformen
★ entdecken Operationseigenschaften
★ verwenden mathematische Fachbegriffe und Zeichen richtig

29

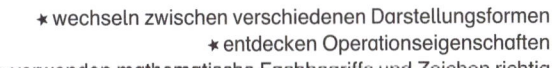

1 2 + 4 = ☐ 　　☐ − ☐ = ☐

● ● ● ● ● ● ○ ○ ○ ○ 　　● ● / / / / / ● / ○ ○ ○ ○

3 + 2 = ☐ 　　☐ − ☐ = ☐

10 − 5 = ☐ 　　☐ + ☐ = ☐

6 − 1 = ☐ 　　☐ + ☐ = ☐

2

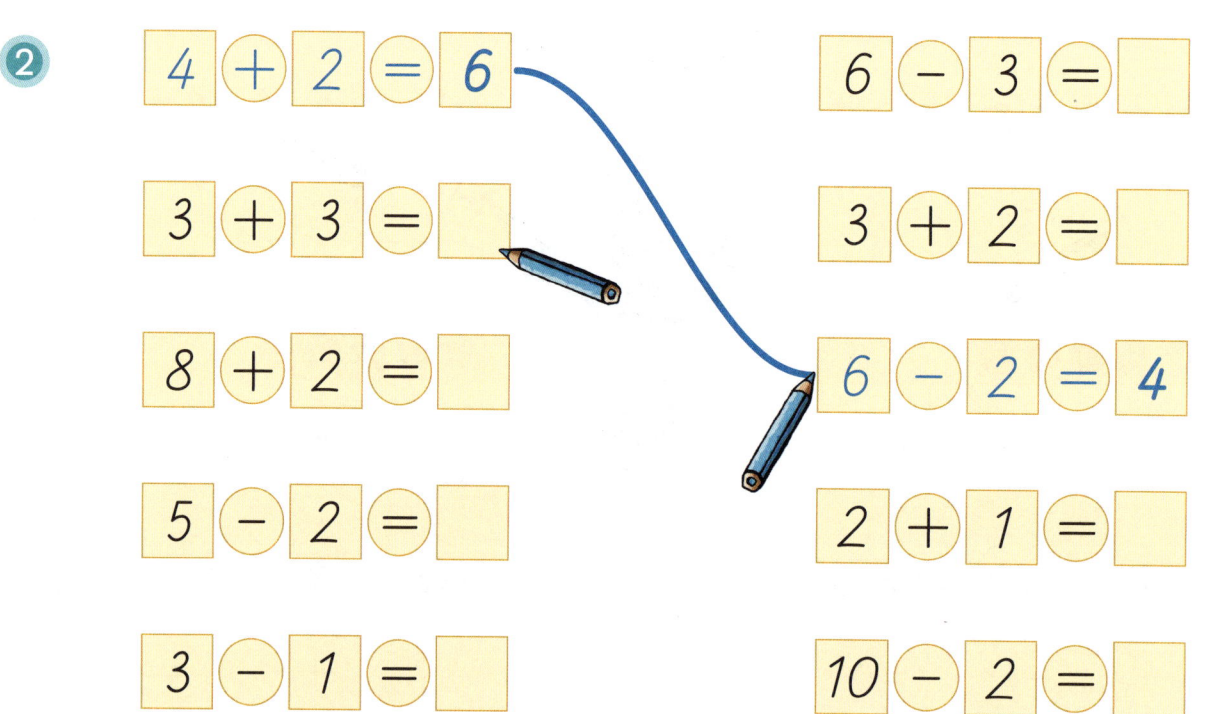

4 + 2 = 6 　　6 − 3 = ☐

3 + 3 = ☐ 　　3 + 2 = ☐

8 + 2 = ☐ 　　6 − 2 = 4

5 − 2 = ☐ 　　2 + 1 = ☐

3 − 1 = ☐ 　　10 − 2 = ☐

★ wenden ihre vorhandenen mathematischen Kenntnisse, Fähigkeiten
und Fertigkeiten bei der Bearbeitung von Umkehraufgaben an
★ wechseln zwischen verschiedenen Darstellungen

30

→ Ü Seite 17

1

$5 \xrightarrow{+3} \xleftarrow{-3} 8$ $5 + 3 = 8$ $8 - 3 = 5$

$2 \xrightarrow{+7} \xleftarrow{-7} 9$ $2 +$ ___ $=$ ___ $-$ ___ $=$

$6 \xrightarrow{+4} \xleftarrow{-4} 10$

$3 \xrightarrow{+3} \xleftarrow{-3} \square$

$4 \xrightarrow{+2} \xleftarrow{-2} \square$

$5 \xrightarrow{+5} \xleftarrow{-5} \square$

2

$7 \xrightarrow{-3} \xleftarrow{+3} 4$ $7 - 3 = 4$ $4 + 3 = 7$

$9 \xrightarrow{-6} \xleftarrow{+6} 3$ $9 -$ ___ $=$ ___ $+$ ___ $=$

$8 \xrightarrow{-5} \xleftarrow{+5} \square$

$4 \xrightarrow{-4} \xleftarrow{+4} \square$

$10 \xrightarrow{-7} \xleftarrow{+7} \square$

$5 \xrightarrow{-3} \xleftarrow{+3} \square$

$\leftarrow$			$\leftarrow$				$\leftarrow$			
1	9		5	8	3		6	0	7	5

⭐

* wenden ihre vorhandenen mathematischen Kenntnisse, Fähigkeiten
und Fertigkeiten bei der Bearbeitung von Umkehraufgaben an
* wechseln zwischen verschiedenen Darstellungen

1

2

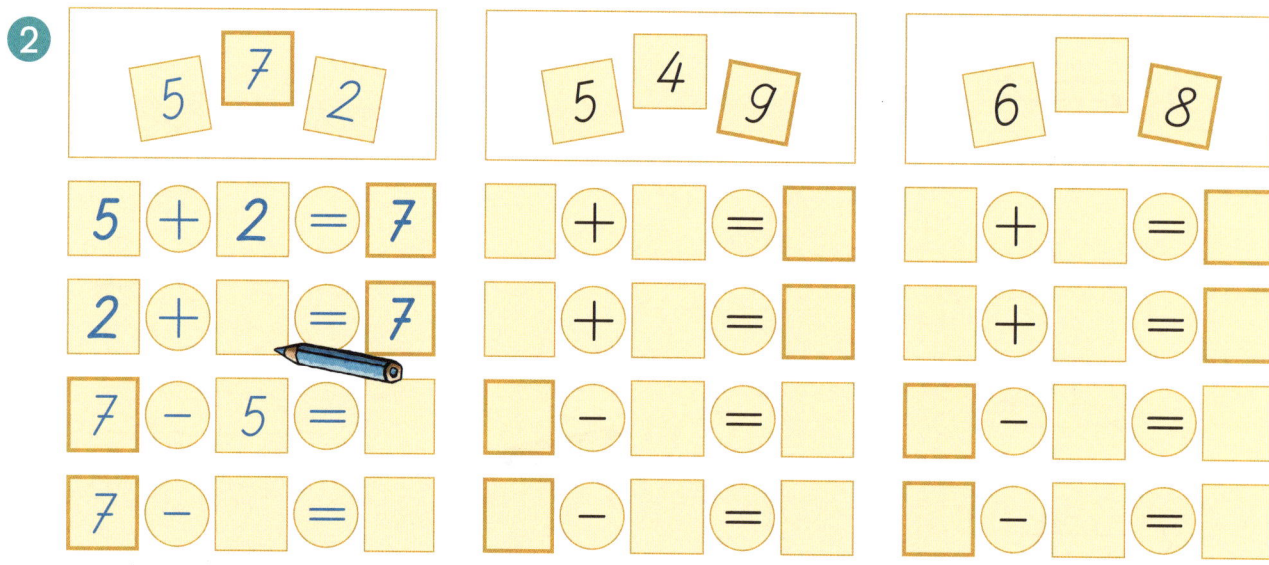

3

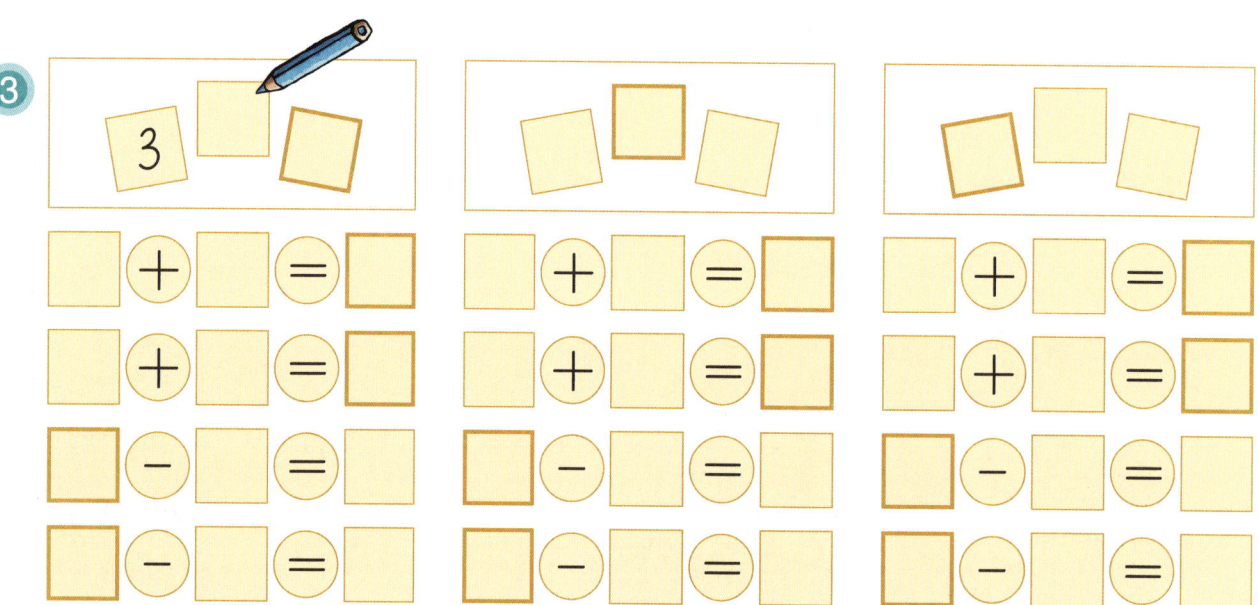

★ wenden ihre vorhandenen mathematischen Kenntnisse, Fähigkeiten und Fertigkeiten bei der Bearbeitung
  von Aufgabenfamilien an
★ probieren zunehmend systematisch und zielorientiert und nutzen die Einsicht in Zusammenhänge zur Lösung

Aufgabenfamilien finden

1

2		0

☐ + ☐ = ☐
☐ + ☐ = ☐
☐ − ☐ = ☐
☐ − ☐ = ☐

1		3

☐ + ☐ = ☐
☐ + ☐ = ☐
☐ − ☐ = ☐
☐ − ☐ = ☐

2		3

☐ + ☐ = ☐
☐ + ☐ = ☐
☐ − ☐ = ☐
☐ − ☐ = ☐

2

Eine Zahl passt nicht!

6   4
3 9

3 7 2	
9	

2 4	
4 8	

5	
3 6	
2	

4 5	
1	
2	

3

6		

☐ + ☐ = ☐
☐ + ☐ = ☐
☐ − ☐ = ☐
☐ − ☐ = ☐

	6	

☐ + ☐ = ☐
☐ + ☐ = ☐
☐ − ☐ = ☐
☐ − ☐ = ☐

		6

☐ + ☐ = ☐
☐ + ☐ = ☐
☐ − ☐ = ☐
☐ − ☐ = ☐

★ wenden ihre vorhandenen mathematischen Kenntnisse, Fähigkeiten und Fertigkeiten bei der Bearbeitung
herausfordernder oder unbekannter Aufgaben an
★ probieren zunehmend systematisch und zielorientiert und nutzen die Einsicht in Zusammenhänge zur Lösung

①

5 + 3 = ☐   4 + 3 = ☐   3 + 5 = ☐

5 + 4 = ☐   4 + 4 = ☐   3 + ☐ = ☐

5 + 5 = ☐   4 + 5 = ☐   3 + ☐ = ☐

②

1 + 1 = ☐   4 + 2 = ☐   3 + 5 = ☐

2 + 1 = ☐   5 + 2 = ☐   4 + ☐ = ☐

3 + 1 = ☐   6 + 2 = ☐   5 + ☐ = ☐

③

7 + 2 = ☐   6 + 4 = ☐   ☐ + ☐ = ☐

6 + 3 = ☐   5 + 5 = ☐   ☐ + ☐ = ☐

5 + 4 = ☐   ☐ + ☐ = ☐   ☐ + ☐ = ☐

④

☐ + ☐ = ☐   ☐ + ☐ = ☐   ☐ + ☐ = ☐

☐ + ☐ = ☐   ☐ + ☐ = ☐   ☐ + ☐ = ☐

☐ + ☐ = ☐   ☐ + ☐ = ☐   ☐ + ☐ = ☐

☐ + ☐ = ☐   ☐ + ☐ = ☐   ☐ + ☐ = ☐

* stellen Vermutungen über mathematische Zusammenhänge an
* nutzen Rechenstrategien (Nachbaraufgaben) für vorteilhaftes Rechnen
* erkennen, beschreiben und entwickeln arithmetische Muster und setzen diese fort

1

$8 - 5 = \boxed{}$ $9 - 7 = \boxed{}$ $\boxed{} - \boxed{} = \boxed{}$

$8 - 4 = \boxed{}$ $9 - 6 = \boxed{}$ $\boxed{} - \boxed{} = \boxed{}$

$8 - 3 = \boxed{}$ $9 - 5 = \boxed{}$ $\boxed{} - \boxed{} = \boxed{}$

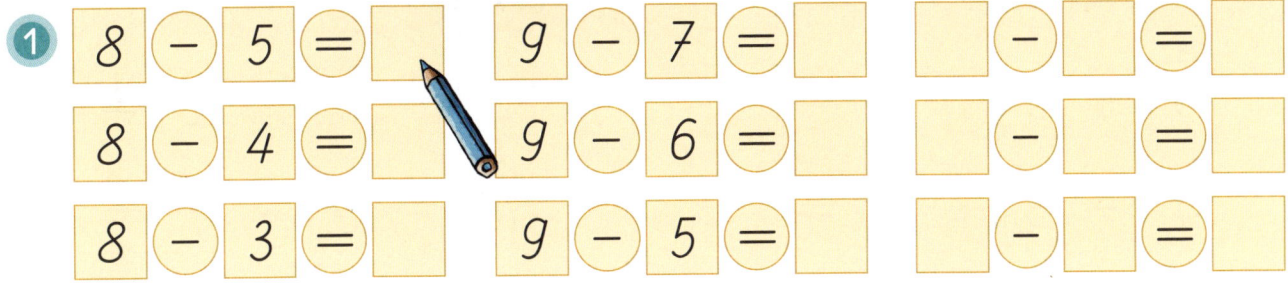

2

$5 - 3 = \boxed{}$ $8 - 5 = \boxed{}$ $\boxed{} - \boxed{} = \boxed{}$

$6 - 3 = \boxed{}$ $9 - 5 = \boxed{}$ $\boxed{} - \boxed{} = \boxed{}$

$7 - 3 = \boxed{}$ $10 - 5 = \boxed{}$ $\boxed{} - \boxed{} = \boxed{}$

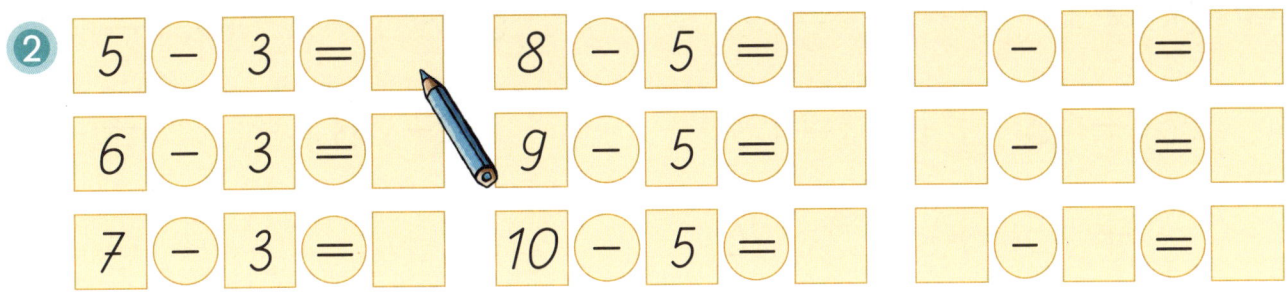

3

$4 - 2 = \boxed{}$ $10 - 4 = \boxed{}$ $\boxed{} - \boxed{} = \boxed{}$

$5 - 3 = \boxed{}$ $9 - 5 = \boxed{}$ $\boxed{} - \boxed{} = \boxed{}$

$6 - 4 = \boxed{}$ $\boxed{} - \boxed{} = \boxed{}$ $\boxed{} - \boxed{} = \boxed{}$

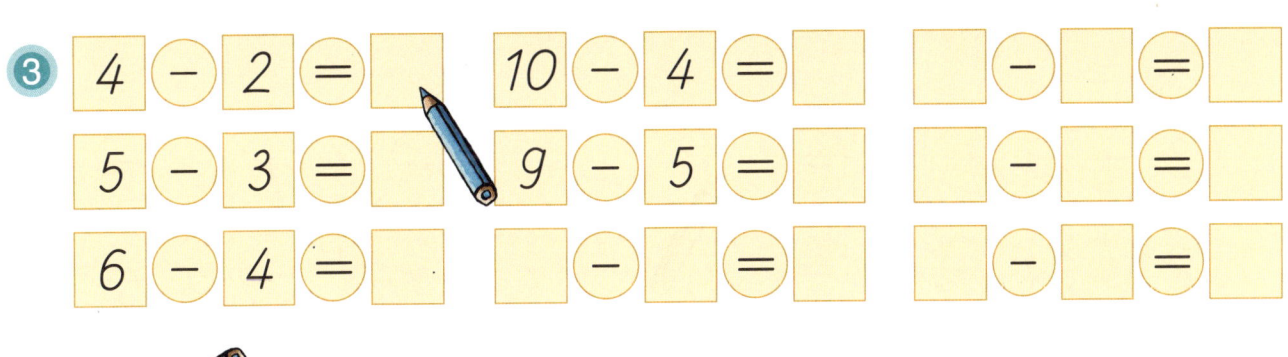

4

$\boxed{} - \boxed{} = \boxed{}$ $\boxed{} - \boxed{} = \boxed{}$ $\boxed{} - \boxed{} = \boxed{}$

$\boxed{} - \boxed{} = \boxed{}$ $\boxed{} - \boxed{} = \boxed{}$ $\boxed{} - \boxed{} = \boxed{}$

$\boxed{} - \boxed{} = \boxed{}$ $\boxed{} - \boxed{} = \boxed{}$ $\boxed{} - \boxed{} = \boxed{}$

$\boxed{} - \boxed{} = \boxed{}$ $\boxed{} - \boxed{} = \boxed{}$ $\boxed{} - \boxed{} = \boxed{}$

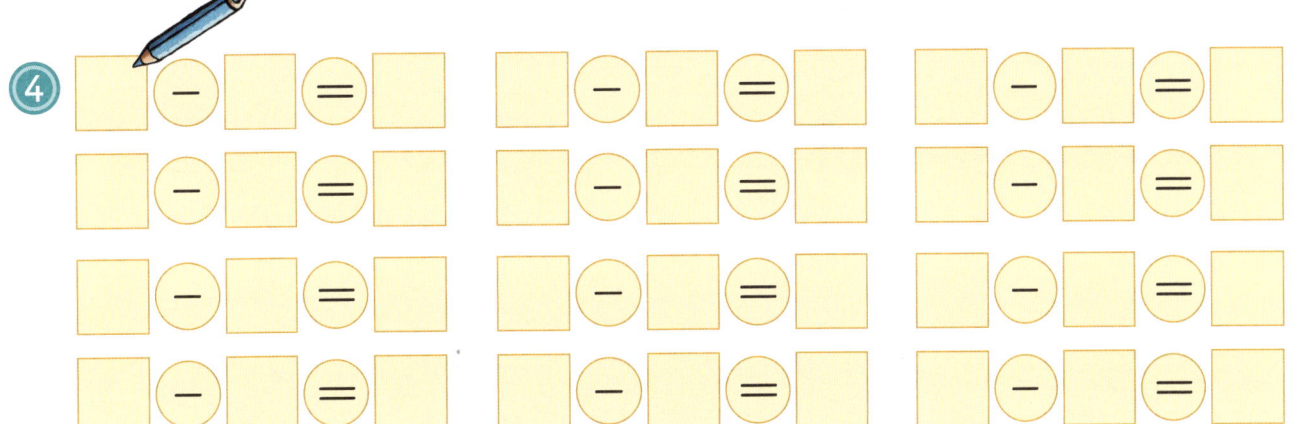

✶ stellen Vermutungen über mathematische Zusammenhänge an
✶ nutzen Rechenstrategien (Nachbaraufgaben) für vorteilhaftes Rechnen
✶ erkennen, beschreiben und entwickeln arithmetische Muster und setzen diese fort

→ Ü Seite 18

Plus- und Minusaufgaben mit 3 Zahlen lösen

1

$2 + 3 + 4 = 9$

$1 + 4 + 1 = \square$

$3 + 3 + 2 = \square$

$4 + 3 + 0 = \square$

$9 - 2 - 3 = \square$

$7 - 1 - 5 = \square$

$8 - 4 - 2 = \square$

$10 - 6 - 1 = \square$

2

$0 + \square + 1 = 8$

$3 + 3 + \square = 9$

$\square + 5 + 3 = 10$

$3 + \square + 2 = 7$

$6 - \square - 2 = 1$

$\square - 3 - 4 = 2$

$10 - \square - 0 = 5$

$7 - 5 - \square = 0$

3

$2 + 3 - 4 = \square$

$9 - 4 + 3 = \square$

$4 - 2 + 3 = \square$

$5 + 5 - 6 = \square$

$9 - 7 + \square = 5$

$3 + \square - 5 = 0$

$\square - 6 + 3 = 6$

$6 + \square - 4 = 3$

| 9 | 7 | | 2 | 1 | 9 | | 5 | 3 | 10 | 7 |

Rechenzeichen einsetzen

1

6 ○ 3 = 9	0 ○ 6 = 6	4 ○ 5 = 9
4 ○ 4 = 8	3 ○ 5 = 8	1 ○ 7 = 8
7 ○ 3 = 4	5 ○ 3 = 2	7 ○ 6 = 1
9 ○ 0 = 9	10 ○ 10 = 0	3 ○ 3 = 6
6 ○ 5 = 1	8 ○ 2 = 10	7 ○ 3 = 10
4 ○ 2 = 2	6 ○ 3 = 9	9 ○ 7 = 2
10 ○ 8 = 2	2 ○ 5 = 7	4 ○ 4 = 8

2

3 ○ 2 = 1	4 ○ 6 = 10	7 ○ 1 = 6
8 ○ 5 = 3	7 ○ 7 = 0	2 ○ 5 = 7
5 ○ 3 = 8	2 ○ 6 = 8	6 ○ 4 = 2
7 ○ 4 = 3	3 ○ 2 = 5	5 ○ 5 = 10
10 ○ 5 = 5	8 ○ 6 = 2	1 ○ 4 = 5
1 ○ 1 = 2	2 ○ 2 = 0	8 ○ 2 = 6
3 ○ 7 = 10	5 ○ 0 = 5	10 ○ 0 = 10

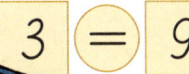
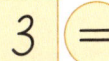

4	−	2	◯	6	−	4
5	−	5	◯	3	−	0
8	−	4	◯	5	+	4
3	+	4	◯	2	+	5
6	+	3	◯	4	+	4
5	−	4	◯	7	−	3
8	−	3	◯	5	−	0
3	+	7	◯	6	+	4
10	−	4	◯	9	−	7

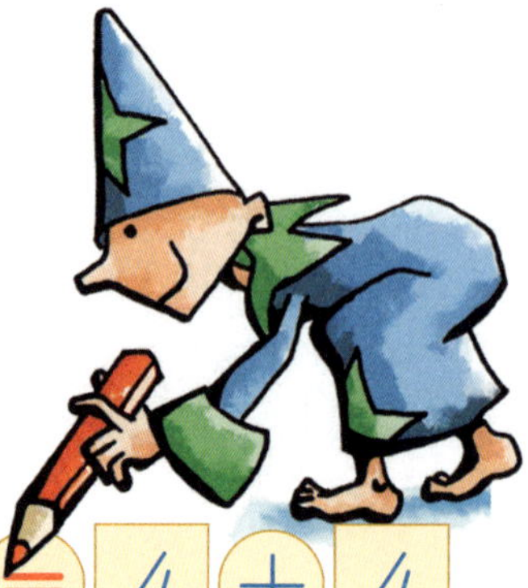

1

5	+	3	=	4	+	4
3	+	3	◯	7	−	1
6	+	4	◯	8	+	2
7	−	4	◯	8	−	1
6	−	5	◯	2	+	2
10	−	6	◯	1	+	3

2

| ☐ | ◯ | ☐ | ◯ | ☐ | ◯ | ☐ |
| ☐ | ◯ | ☐ | ◯ | ☐ | ◯ | ☐ |

| ☐ | ◯ | ☐ | ◯ | ☐ | ◯ | ☐ |
| ☐ | ◯ | ☐ | ◯ | ☐ | ◯ | ☐ |

3

☐	−	☐	<	☐	+	☐
☐	+	☐	>	☐	+	☐
☐	+	☐	=	☐	−	☐

☐	−	☐	>	☐	−	☐
☐	−	☐	>	☐	+	☐
☐	+	☐	<	☐	−	☐

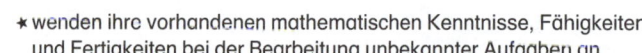

| ← | | ← | | | ← | | |
| 3 | 5 | | 7 | 3 | 4 | | 2 | 3 | 6 | 9 |

★ wenden ihrc vorhandenen mathematischen Kenntnisse, Fähigkeiten
und Fertigkeiten bei der Bearbeitung unbekannter Aufgaben an
★ bilden selbst Aufgaben zu vorgegebenen Strukturen

1

2	6	→	8
7	3	→	10
↓	↓		
9	9		

7	3	→	
1	6	→	
↓	↓		

5	0	→	
4	4	→	
↓	↓		

8	2	→	
1	6	→	7
↓	↓		

5	3	→	
3	7	→	
↓	↓		

2

6		→	9
	5	→	
↓	↓		
10			

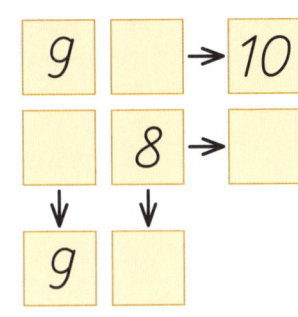

9		→	10
	8	→	
↓	↓		
9			

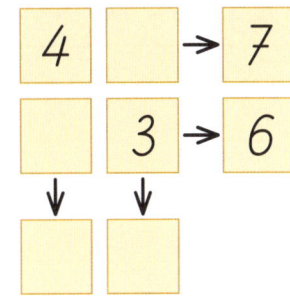

4		→	7
	3	→	6
↓	↓		

3

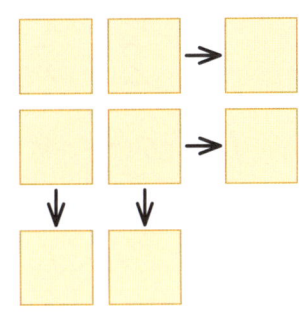

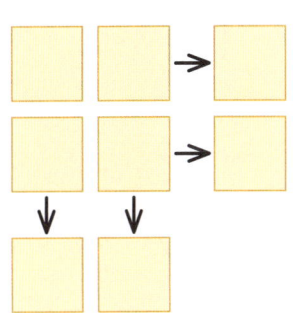

4

		→	3
		→	
↓	↓		
7	5		

		→	3
		→	
↓	↓		
7	5		

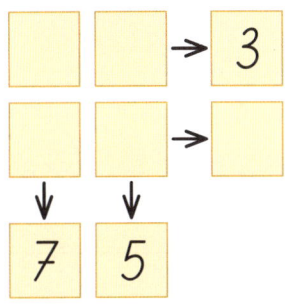

		→	3
		→	
↓	↓		
7	5		

★ wenden ihre vorhandenen mathematischen Kenntnisse, Fähigkeiten und Fertigkeiten
bei der Bearbeitung herausfordernder oder unbekannter Aufgaben an
★ bilden selbst Aufgaben zu vorgegebenen Strukturen

Aufgaben finden

1

7	4	11	2	5	7	12	4
8	10	18	5	0	4	1	5
6	0	2	5	2	9	3	12
13	4	19	10	12	6	4	2
4	1	8	9	5	0	6	6
6	4	5	6	11	9	14	2
10	2	7	9	0	3	20	6
2	8	7	15	2	5	4	9

$$2 + 5 = 7$$
$$4 + 6 = \square$$
$$\square + \square = \square$$
$$\square + \square = \square$$
$$\square + \square = \square$$
$$\square + \square = \square$$
$$\square + \square = \square$$
$$\square + \square = \square$$

2

10	5	5	10	8	2	6	10
8	15	4	9	6	4	2	7
12	4	8	1	7	10	19	3
17	11	6	7	9	11	14	7
8	11	7	4	2	4	4	0
9	8	1	12	7	8	10	11
12	7	5	13	20	2	18	3
7	4	3	12	5	1	12	8

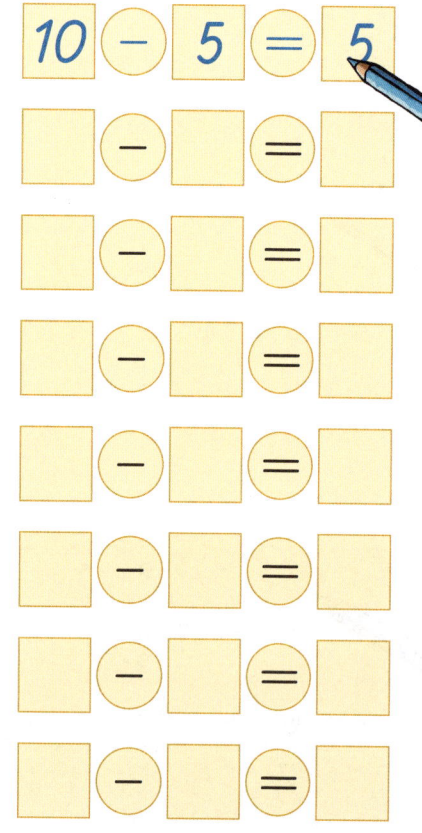

$$10 - 5 = 5$$
$$\square - \square = \square$$
$$\square - \square = \square$$
$$\square - \square = \square$$
$$\square - \square = \square$$
$$\square - \square = \square$$
$$\square - \square = \square$$
$$\square - \square = \square$$

⋆ wenden ihre vorhandenen mathematischen Kenntnisse, Fähigkeiten und Fertigkeiten
bei der Bearbeitung herausfordernder oder unbekannter Aufgaben an
⋆ finden selbst Aufgaben zu vorgegebenen Strukturen

In Tabellen rechnen

3 + 2 = 5
5 + 2 = 7

+	2	4
3	5	
5	7	

1

+	1	3	2
5			
6			
7			

+	6	7	4
3			
1			
2			

2

+	2		3
2			
5		9	
3			

+		4	2
3	6		
			4
5			

3

+	2		
5			10
	6	8	
3			

+			
	8	9	10
		6	7
			9

★ nutzen Operationseigenschaften der Addition beim Umgang mit Platzhaltern
★ nutzen Rechengesetze und Zusammenhänge beim Lösen von Aufgaben

1

$1 + 6 = 7$ $9 - 1 = \square$ $4 + 6 = \square$

$4 + 5 = \square$ $7 - 4 = \square$ $2 + 7 = \square$

$3 + 6 = \square$ $4 - 3 = \square$ $8 - 3 = \square$

$7 + 3 = \square$ $6 - 5 = \square$ $3 - 3 = \square$

$4 + 2 = \square$ $8 - 8 = \square$ $5 + 4 = \square$

$8 + 1 = \square$ $5 - 2 = \square$ $2 + 5 = \square$

$3 + 4 = \square$ $10 - 5 = \square$ $9 - 2 = \square$

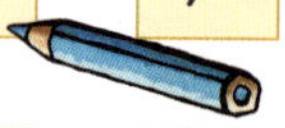

2

$1 + \square = 8$ $10 - \square = 9$ $\square + 8 = 9$

$7 - \square = 4$ $5 + \square = 10$ $\square + 3 = 8$

$6 - \square = 0$ $4 + \square = 8$ $\square - 5 = 4$

$3 + \square = 10$ $9 - \square = 5$ $\square - 6 = 2$

$2 + \square = 6$ $10 - \square = 2$ $\square + 2 = 9$

$7 - \square = 5$ $6 + \square = 9$ $\square + 4 = 10$

$1 + \square = 10$ $3 + \square = 8$ $\square - 10 = 0$

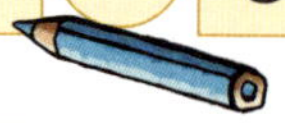

★ lösen Plus- und Minusaufgaben im Zahlenraum bis 10
★ wenden ihre vorhandenen mathematischen Kenntnisse,
  Fähigkeiten und Fertigkeiten an

→ Ü Seiten 19 und 20

Zahlenmauern kennenlernen

2 + 3 = 5

1

2

3

★ wenden ihre vorhandenen mathematischen Kenntnisse, Fähigkeiten und Fertigkeiten bei der Bearbeitung unbekannter Aufgaben an

43

1

Zahlenmauer 1: untere Reihe 1, 2,  3

Zahlenmauer 2: untere Reihe 2, 3, 1

Zahlenmauer 3: untere Reihe 3, 2, 1

Zahlenmauer 4: untere Reihe 1, 3, 2

Zahlenmauer 5: untere Reihe 2, 1, 3

Zahlenmauer 6: untere Reihe 3, 1, 2

2

Zahlenmauer 1: Spitze 8

Zahlenmauer 2: Spitze 8

Zahlenmauer 3: Spitze 8

3

Zahlenmauer 1: Spitze 10, mittlerer Stein unten 2

Zahlenmauer 2: Spitze 10, mittlerer Stein unten 2

Zahlenmauer 3: Spitze 10, mittlerer Stein unten 2

Zahlenmauer 4: Spitze 10, mittlerer Stein unten 2

Zahlenmauer 5: Spitze 10, mittlerer Stein unten 2

Zahlenmauer 6: Spitze 10, mittlerer Stein unten 2

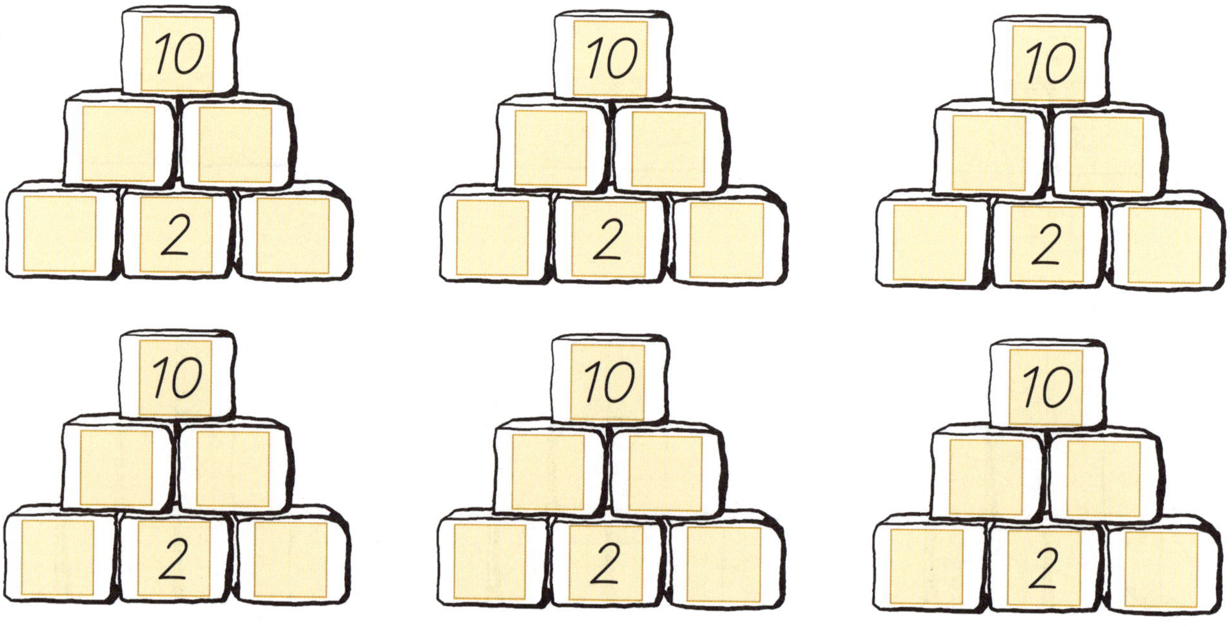

★ wenden ihre vorhandenen mathematischen Kenntnisse, Fähigkeiten und Fertigkeiten bei der Bearbeitung unbekannter Aufgaben an

→ Ü Seite 21

Mit dem Lineal zeichnen (1)

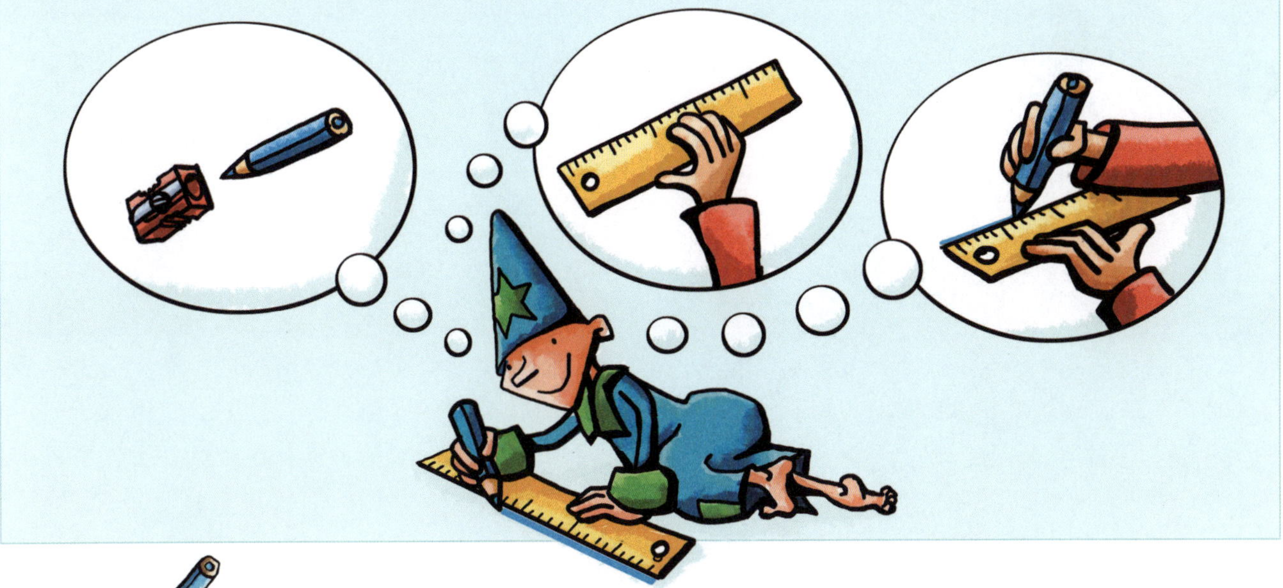

1

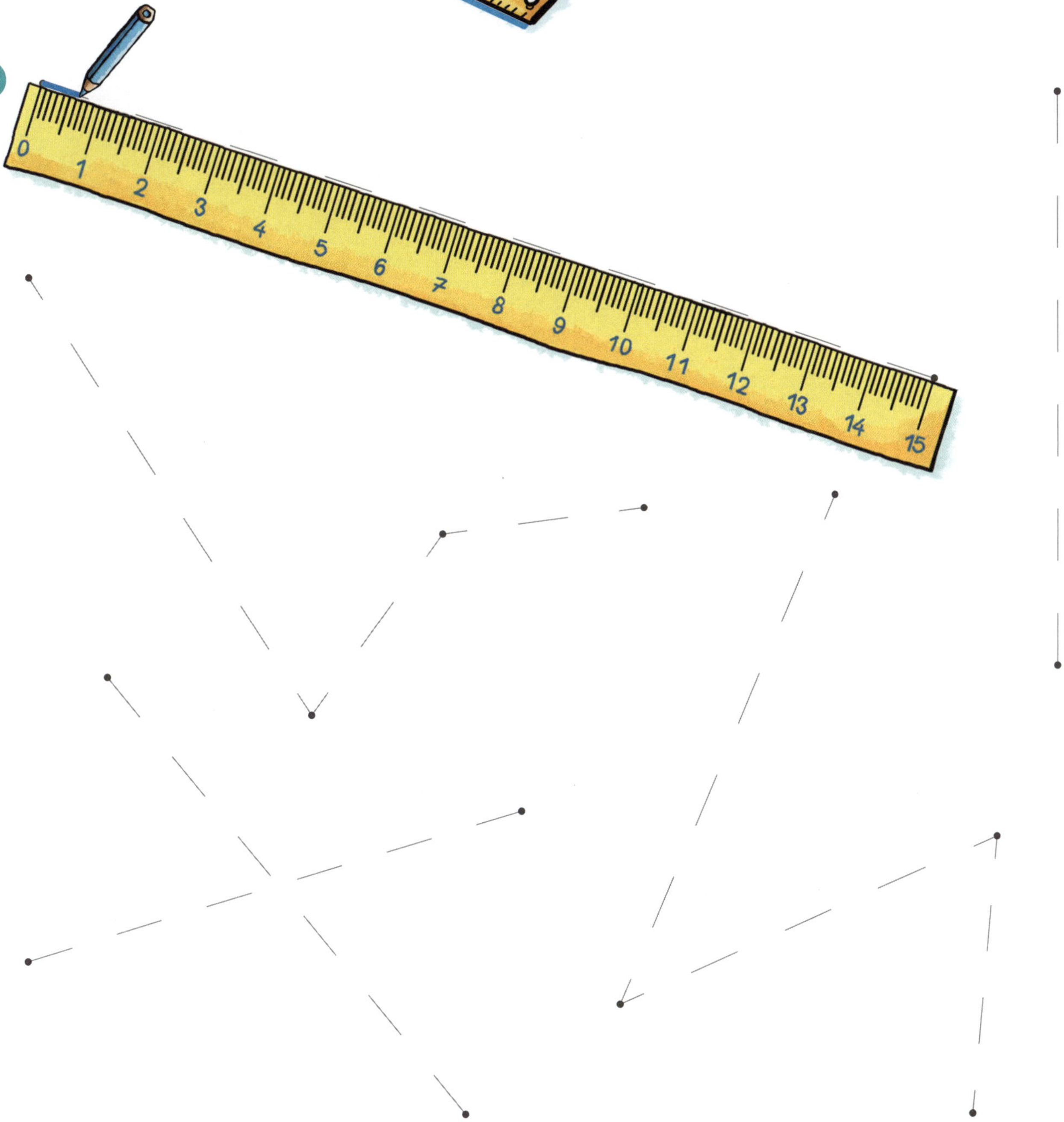

→ Ü Seite 22

⋆ übertragen bildlich dargestellte Vorgehensweisen auf ihre eigene Handlung
⋆ zeichnen Linien mit dem Lineal

1

• 4

11
• 1

• 5

• 3

• 9   • 10   • 2   • 3

• 8   4 •

6
•

• 7   • 5

1
6   2 •

★ verbinden vorgegebene Punkte mit dem Lineal

Freihandzeichnen (1)

1

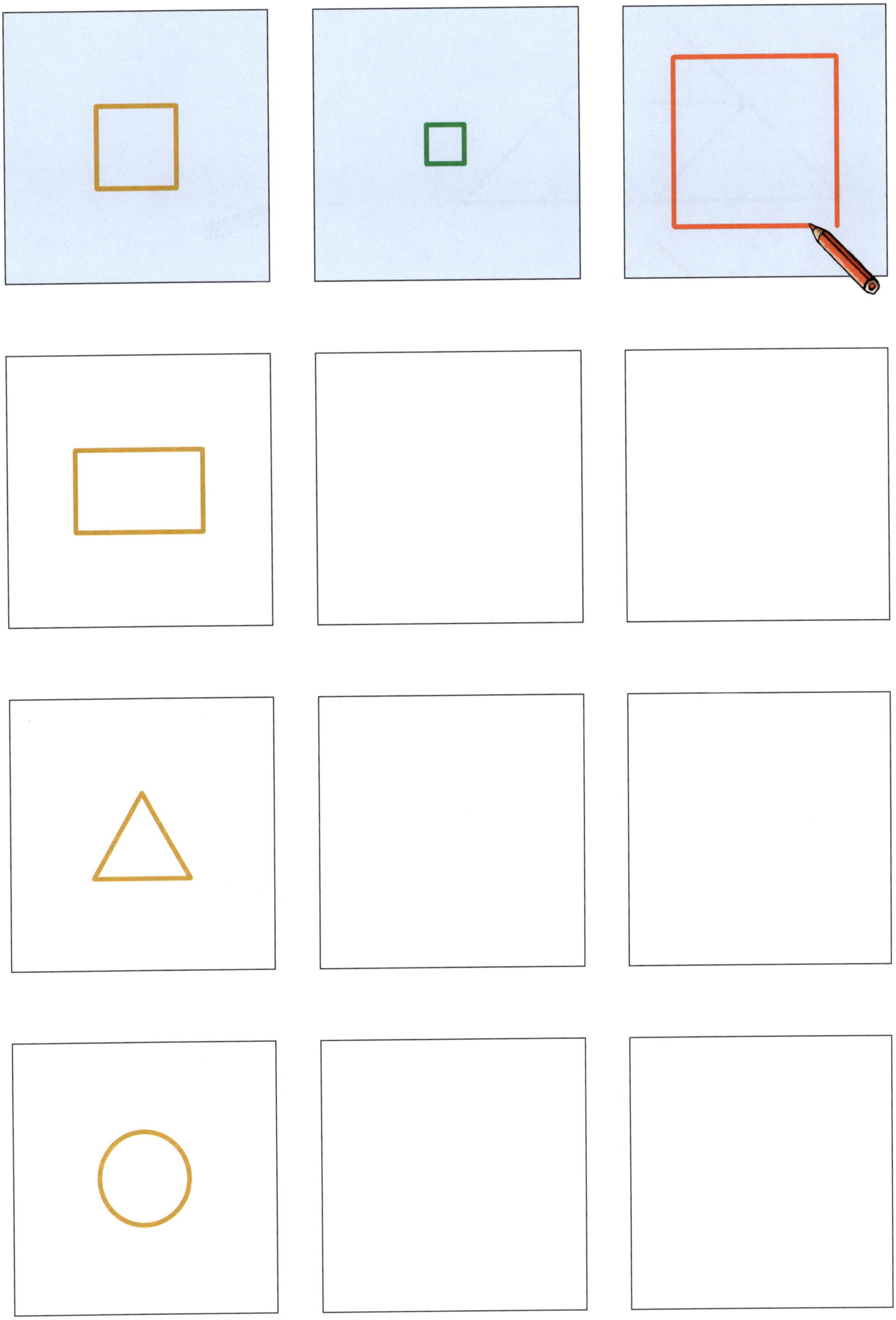

1

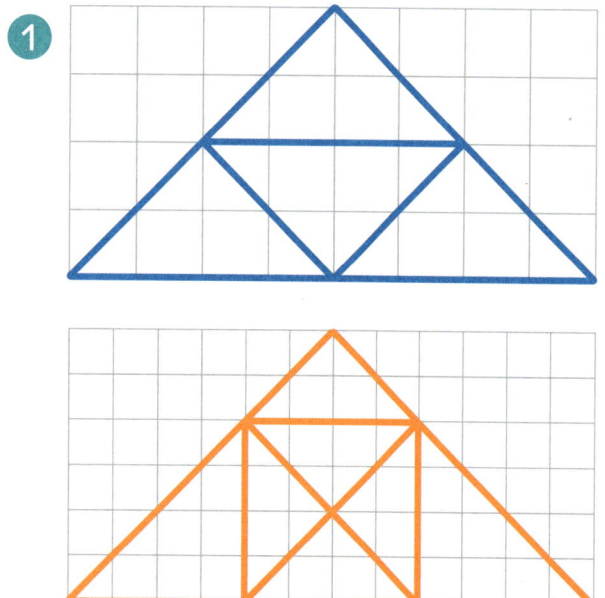
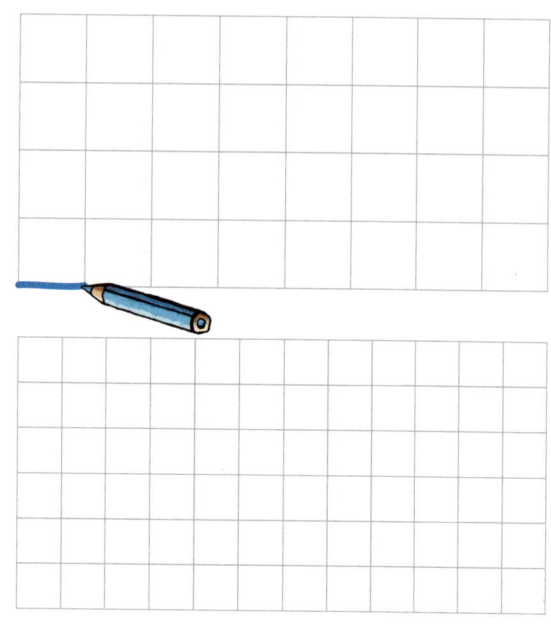

2

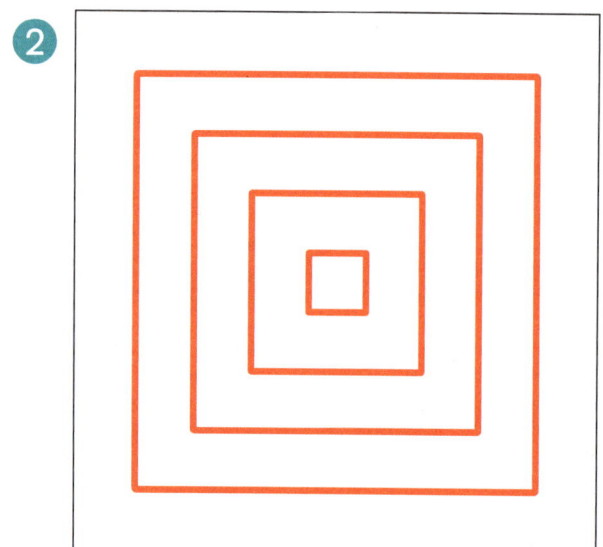

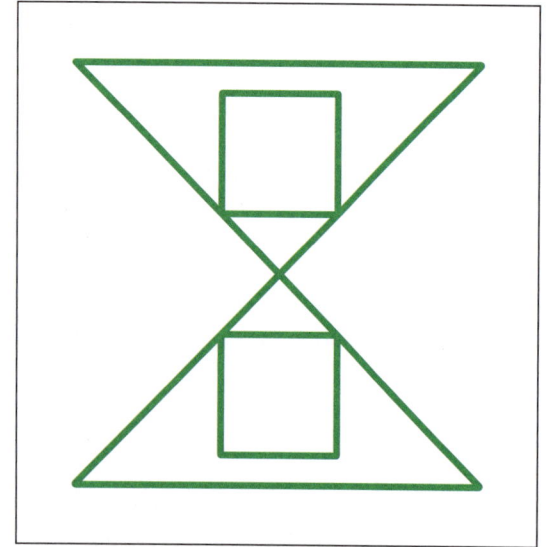

★ identifizieren Formen
★ nutzen beim Freihandzeichnen das Gitterpapier als Hilfsmittel
★ zeichnen ebene Figuren und Muster frei